VI.

MONIKA **NAGL**

ENTWIRRUNG
Wie funktioniert mein Geist

Bibliografische Information
der Deutschen Nationalbibliothek:

Die Deutsche Nationalbibliothek
verzeichnet diese Publikation in
der Deutschen Nationalbibliografie.
Detaillierte bibliografische Daten
sind im Internet über
http://www.d-nb.de abrufbar.

Alle Rechte der Verbreitung,
auch durch Film, Funk und Fernsehen,
fotomechanische Wiedergabe,
Tonträger, elektronische Datenträger und
auszugsweisen Nachdruck,
sind vorbehalten.

www.vindobonaverlag.com

© 2023 Vindobona Verlag

ISBN 978-3-949263-94-1
Lektorat: Amanda Godwins
Umschlag- und Innenabbildung:
Monika Nagl
Umschlaggestaltung, Layout & Satz:
Vindobona Verlag

Gedruckt in der Europäischen Union
auf umweltfreundlichem, chlor- und
säurefrei gebleichtem Papier.

DANKE

mein Zauberwort
an meine Tochter Marlies
an meinen Mann Friedrich
an Leonard

DANKE, dass es euch gibt!

INHALT

EINLEITUNG
Eine Auswahl an Gedanken
von 40 000-60 000 täglich
auf Papier gebracht
zum Leben erweckt

AUSLEITUNG
Warum genau diese Gedanken?
Weil sie ein Ziel haben

VERÄNDERUNG
Ich will eine Veränderung

INHALTSVERZEICHNIS

Danke 5

Einführung 9

Der Anfang 12

Zielsuche 18

Erinnerungen 27

Erkennen 60

Veränderung 91

Der Schlüssel ist 116

Die Verbindung 117

EINFÜHRUNG

Im März 2020 sind mein Mann und ich nach Malaysia geflogen. Beim Hinflug habe ich mir den Film „Deutschstunde" von Siegfried Lenz angesehen. Hier wurde ich bereits inspiriert. Das Buch handelt von einem jungen Mann, der gezwungen war, einen Aufsatz über seine Kriegserfahrungen zu schreiben und entdeckte, dass er nicht mehr aufhören konnte zu schreiben. Diese Geschichte hat mich begeistert, weil ich erkannt habe, dass dieser Junge sich durch das Schreiben von seinen Gedanken befreit hat. Durch den Film habe ich das Schreiben entdeckt – unbewusst. Auf der Insel Borneo haben wir ein Auffangzentrum für verwaiste Orang-Utans besucht. Die ganze Entstehungsgeschichte dieses Zentrums hat mich beeindruckt. Lange habe ich die Orang-Utans beobachtet und gedacht: „Diese Tiere gehen liebevoller miteinander um als die meisten Menschen." Unbewusst wünschte ich mir diese Zärtlichkeit auch für die Menschen – einen menschlicheren Umgang. Auf der Insel Gaya haben wir eine Woche Entspannungsurlaub gemacht. Wir erhielten ein Upgrate, weil wegen Corona nur ganz wenige Urlauber im Hotel waren. Für uns bedeutete das Luxus in der Unterkunft, sowie Luxus, weil es so ruhig und entspannt war. Diese entspannte Zeit hat mich zu mir selbst zurückgeführt. Dinge, die mich bewegen, haben sich hier herauskristallisiert. Dinge, die Menschen innen bewegen, bringen den Menschen auch außen in Bewegung. Die Erforschung meines „Innenlebens" ist daher von größter Bedeutung. Heute weiß ich: Alles zusammen führte zu einer Initialzündung. Damals wusste ich es noch nicht. Aber meine feine Wahrnehmung hat Dinge zusammengefügt zu einer Entscheidung. Zu einer Richtung. Unbewusste Entscheidungen sind auch Entscheidungen.

Heute sage ich: Ich habe die Zeichen gesehen und den Ruf gehört. Meine Bücher sind eine Annäherung an „etwas", das mit einzelnen Worten nicht zu beschreiben ist. Deshalb gibt es

Geschichten und Beispiele: Meine Buchserie wurde zum Beispiel. Einteilung in Vergangenheit – Jetzt-Zeit – Zukunft.

Die Vergangenheit ist eine Zeit, die hinter mir liegt und auf die ich schauen kann. *Diese Erfahrungen habe ich gemacht – welche Lösungen – Erkenntnisse schließe ich daraus?* Das Buch zeigt, was die Vergangenheit ist. Ablegbar wie ein Buch. Das erste Buch zeigt mich in einer anderen Form. Lege die Vergangenheit weg wie ein Buch und behalte in deiner Erinnerung, was du wirklich behalten willst. Ich habe die Vergangenheit abgeschlossen. Ich bin bereit für das direkte Leben. Leben im Moment. Mein Leben ist Jetzt-Zeit. Ich beschäftigte mich mit allem, was mich interessiert und merke immer mehr, dass ich Schreiben liebe. Ich merke, dass ich meine Erfahrungen weitergeben will. Ich lebe einfach und fülle mich dadurch immer mehr mit allem, was ich liebe. Ich liebe mein Leben, weil ich tue, was ich liebe. Ich schreibe. Zukunft: Ich sehe meine Zukunft. Zukunft sind meine Wünsche, die ich erfüllen möchte. Mein Wunsch: Ein Buch schreiben. Meine Zukunft habe ich gesehen. Ich habe sie visualisiert und nicht mehr aus den Augen verloren. Mich immer wieder daran erinnert. Ich lebte mich in die Zukunft hinein durch die Umsetzung meiner Vorstellung. Dieser Übergang war nur möglich durch tiefes Vertrauen in mich und mein Umfeld. Meine Zukunft ist eingetreten: Hier erfasse ich intellektuell, dass mein Leben in der Mitte liegt. Meine damalige Jetztzeit wird zu meiner Zukunft. Mein Leben ist Jetztzeit und entwickelt sich zu meiner Zukunft. Ich befinde mich in der Zukunft, die ich mir gewünscht habe: Ich habe ein Buch geschrieben. Menschen sind schöpferisch durch ihre Vorstellungskraft. Dadurch entsteht Wirklichkeit. Heute lebe ich in der Zukunft, die ich mir durch meine Vorstellung erschaffen habe. Gleichzeitig erschaffe ich bereits wieder Zukunft durch mein bewusstes Leben.

Ich habe einen Gedankenkreis gegründet, um Wissen über die Entstehung von Wirklichkeit zu vermitteln. Ursprünglich dachte ich bei der Gründung dieses Kreises daran, mein Buch in einer Gruppe auf seinen Wert zu überprüfen. Heute erkenne ich, dass ich Wissen vermitteln will. Ich will, dass die Menschen verstehen, dass sie keine Opfer ihres Lebens sind, sondern Gestalter. Dass Menschen in der Lage sind eine Vorstellung in Wirklichkeit verwandelt.

Zitate inspirieren mich:
Einen Buddha zu schaffen, der den allgemein respektierten Buddha übertrifft, ist für mich eine ungeheure Tat. „Siddhartha" ist für mich eine wirksamere Medizin als das Neue Testament.
Henry Miller

>Quelle: Buchumschlag hinten, Hermann Hesse,
>Erste Auflage 2002, Copyright 1953 by Hermann Hesse,
>Ausgewählte Werke, Suhrkamp Verlag

DER ANFANG

Am 23. März 2020 einige Tage nach dem ersten Lockdown habe ich mich hingesetzt und einfach angefangen zu schreiben. Es war das Jahr von Corona. Unser Lokal musste geschlossen bleiben. Mein Mann und ich waren drei Wochen in Malaysia, Borneo und auf der Insel Gaia. Die Reise ist noch sehr entspannt verlaufen. Doch zu Hause herrscht Chaos. Natürlich haben wir etwas mitbekommen von der Entwicklung dieses Virus während unserer Abwesenheit. Doch diese rasante Ausbreitung überall auf der Welt hat nicht nur uns überrascht. All die Toten in Italien, Spanien, im Iran. Wir sind erschüttert. Fast alles in Österreich steht still. Nur systemerhaltende Betriebe und Krankenhäuser – nur das Allernötigste darf getan werden. Wir sitzen zu Hause – fast ohnmächtig. Meine Tochter und ihr Freund sind glücklicherweise hier. Sie haben uns vom Flughafen abgeholt und die Entscheidung getroffen, lieber hier ihr Home-Office „abzusitzen". Mehr Platz als in der Wohnung in Wien ist ein überzeugendes Argument. Tische im Lokal werden umfunktioniert zu Arbeitsbereichen. Meetings können fast normal online mit den anderen stattfinden. Hier können sie sich ausbreiten. Wir sind sehr, sehr froh, noch gut und problemlos gelandet zu sein. Viele, die im Ausland waren, mussten ihre Heimreise früher antreten. Ersatzflüge organisieren, Quarantäne und viele andere Unannehmlichkeiten in Kauf nehmen. Mit den wichtigsten Menschen im Leben umgeben, lässt es sich gut aushalten. Das Glück, sie bei mir zu haben, lässt das Gefühl entstehen, dass es gar nicht so schlimm werden kann. Noch sind wir gesund und bei minimalem Ausgang – Besorgungen von Lebensmitteln, Spaziergängen –, ist das Leben eingeschränkt, jedoch auch einfach. Zeit zur Besinnung und die brauche ich scheinbar auch dringend. Ich war sehr antriebslos, ziel- und orientierungslos. Geplagt von „Hitzewallungen", Feuer von innen, das mich veranlasst, mich ständig an- und auszuziehen, in der Nacht aufzustehen, um mich abzukühlen, zu lesen oder mit irgendetwas anderem zu beschäftigen. Es macht krank und hilflos, zwei hilflos machende Situationen. Doch heute bin ich aufgewacht und es war wieder Leben in mir. Schon oft habe ich die Erfahrung gemacht, dass Lesen und das Niederschreiben meiner Gedanken mich zu Lösungen geführt haben. Das Zusammentreffen von einigen scheinbar unzusammenhängenden Zufällen. Oder vielleicht auch unauffälligen Entwicklungen, deren Sinn mir noch nicht begreiflich ist. Eins kommt zum anderen und „plötzlich" ergibt es Sinn und ein Licht taucht auf. Ich gehe los, mache einfach den ersten Schritt. Eine Inspiration war der Film „Deutschstunde". Tatsächlich habe ich das Gefühl, es ist so viel in mir – so viele Worte und Gedanken, die heraus möchten –, dass ich gar nicht weiß, wo ich am besten anfange. Nun der Anfang ist hier und heute und das Ende sehe ich noch nicht.

Der Anfang ist nur möglich, weil ich gezwungen bin, hier zu sitzen. Die Welt steht still.
- Feuerwellen lassen mir keine Ruhe.
- Das Gefühl, dass dies der Moment ist, mich zu bewegen, etwas zu verändern – aber ich weiß nicht was.

Ich habe das Gefühl, dass mir etwas fehlt, etwas in mir vernachlässigt wurde. Lange Zeit verschoben, „keine Zeit" dafür gehabt und nicht hinsehen wollen auf das, was tatsächlich in mir ist. Nicht erkennen, zudecken. *Aber was ist es?* Dies ist der Versuch, durch Schreiben dahinter zukommen. Vielleicht etwas Vergangenes, Belastendes und Verdrängtes aufzulösen. Meinen Hormonen auf die Spur zu kommen. Herauszufinden, warum sie so verrückt spielen. Ich lasse sie wirken und sehe, was herauskommt. Eigentlich hatte ich in meinem Leben meistens das Gefühl, dass sowieso alles passt. Natürlich, es geht mir supergut im üblichen Sinne. Mein Leben ist in guten Bahnen. Aber tief in mir ist eine Sehnsucht, die immer mal wieder aufflammt; jedoch auch immer erfolgreich zum Schweigen gebracht wurde. Dieses Mal scheinen es mir mein Körper und meine Hormone nicht so einfach zu machen. Die Vorgeschichte oder auch Begleitgeschichte sind vielleicht die Umstände. Meine Eltern sind in einem Alter, in dem man praktisch spürt, dass sie bereit sind zu gehen – zu sterben. Mein Alter, das zur Pension hingeht. Das Gefühl, das Leben gelebt zu haben, und doch eigentlich noch so viel Energie da ist, dass man nicht weiß, wohin damit. *Etwas Neues – noch etwas Neues ausprobieren? Aber was?* Dieses schöne „Alles ist möglich." *Aber was treibt mich?* Dazu muss ich tiefer in mich hineinsehen, mich ergründen, Erkenntnisse erlangen. Der Zeitpunkt scheint ein Geschenk von oben zu sein – Corona hat mir die Zeit geschenkt, darüber nachzudenken. Die Hitzewallungen haben mir Druck gemacht, mich endlich zu bewegen. Deswegen sitze ich hier. Um mein Lebensmaterial aufzuarbeiten. Hoffentlich zu Erkenntnissen zu kommen, die mir zeigen, was noch in mir schlummert, was ich noch machen möchte – was Frieden in mir schafft und mich erfüllt. Etwas, das mich mit Sinn erfüllt. Mein größter Kummer, scheint mir, ist die momentane Lage meiner Eltern. Das Gefühl, vielleicht noch etwas tun oder sagen zu müssen, was irgendwann nicht mehr möglich ist. Tatsächlich habe ich das Gefühl von Verlustangst was meine Eltern betrifft. Überlegungen über mein Leben – mein gelebtes Leben. Eine Rückschau zeigt vielleicht auf, dass ich mich befreien möchte. Befreien von Altlasten, die sich so in meinem Leben aufgestaut haben. Erlebnisse in meiner Kindheit, die mich vielleicht noch belasten. Vielleicht Vorkommnisse, die ich meinen Eltern nachtrage und nicht wirklich verzeihen konnte. Loslassen, um Platz für Neues zu schaffen.

Mein Weg beginnt. Ich versuche, meinen Fokus vom Herzen ausgehend zu starten. Das Herz ist meines Erachtens das zuverlässigste, das ehrlichste Organ.
    Man sieht mit dem Herzen.
    Man fühlt mit dem Herzen.
    Wenn da alles im Einklang ist, ist man auch zufrieden, so meine Überlegung. Doch mein Herz zu ergründen, erscheint mir nicht so einfach. Vor allem, wenn die Gefühle, so wie bei mir,

so tief versteckt sind. Es ist schwierig, zu erkennen, ob Gefühle „ehrlich" oder nur praktisch sind, wenn man sie so lange verdrängt hat. Wie tief diese Gefühle eigentlich gehen, weiß man ja nicht, wenn man sie vorher erfolgreich in Bahnen lenkt. Weil man glaubt, es nicht auszuhalten, oder glaubt, dass sie nicht „richtig" sind. Regelmäßiges Schreiben bringt mich in Fluss und hält fest, um nicht zu vergessen, was wichtig ist. Ein sehr gesunder Prozess der Aufarbeitung. Während des Schreibens kommen bereits neue Gedanken, die ich analysiere und zuordne. Ich habe das Gefühl, ich kann nichts Falsches aufschreiben. Etwas sträubt sich in mir, wenn ich nicht ehrlich bin. Beim Aufschreiben wird das Gefühl erst real. Man erfasst dieses unruhige, vorher nur schwammige Gefühl – kann es benennen und zuordnen. Dadurch erhoffe ich mir Ordnung im Geist.

Heute ist der Beginn von Etwas!
- Etwas ist die unbenannte Unruhe in mir.
- Etwas möchte zum Vorschein kommen.
- Etwas werde ich versuchen herauszulocken.

Ich versuche es mit Herzmeditation, um in die Tiefe zu kommen und das unbekannte Etwas an die Oberfläche zu bringen. Ruhe und Meditation sind gute Mittel, tiefere Schichten des Bewusstseins zu erreichen. Eine kleine Entdeckung. Vielleicht ist es auch hilfreich, Geistiges zu teilen. Es gibt eine Frauengruppe – diese Gruppe habe ich durch eine Freundin kennengelernt und eigentlich als zu spirituell empfunden. Doch möglicherweise hilft es, Gedanken zu teilen.

Die Hitzewallungen plagen mich sehr. Ich habe mir Bücher besorgt. Sehr aufschlussreich. Mit einer Freundin habe ich über meine Sorgen gesprochen, sie hat mir ebenfalls Empfehlungen gemacht.

Mit Leinsamen und Soyamilch versuche ich meine Wallungen zu erleichtern. Immer mehr komme ich aber zu der Überzeugung, dass diese Hormonschwankungen vom Kopf ausgehen.

Die Hormone verändern sich aufgrund von Umständen die sich verändern. Mein Körper reagiert auf meinen Geist. Der Körper verarbeitet meine Auseinandersetzung mit den Lebensfragen durch bio-chemische Prozesse. Es findet ein Umbruch innerhalb meines Körpers statt.

Etwas Neues soll entstehen – geboren werden –, um dann umso erfüllter zu sein. Mehr man selbst sein, mehr Öffnung, mehr Gefühle und vielleicht auch mehr Leid, aber dafür auch mehr Leben, mehr Fülle und weniger Leere. Entscheidungen fallen leichter, wenn man einmal weiß, wer man eigentlich ist. Ich bin sehr, sehr oft im Zweifel, ob diese Meinung, diese Aussage direkt von mir kommt. Dieses Hin und Her verunsichert mich. Meine Wunschvorstellung wäre, wie aus einem Guss zu sein. Sofort zu spüren, was gut und richtig für mich ist – das fehlt mir. Ich glaube, dass ich mich sehr gut angepasst habe. Um dazuzugehören, um genauso zu sein wie die anderen, um zu überleben. Tatsächlich zu überleben. Ich habe ein Bild in mir, wie ich völlig verzweifelt dastehe und die Entscheidung treffe, zu funktionieren. Denn was ich will, weiß ich nicht. Irgendwann habe ich auch geglaubt, dass das ganz normal ist, denn es wurde mir immer wieder vermittelt: „Wenn du so angepasst und brav bist, mögen dich alle." Aber jetzt fühle ich mich zurückgeworfen zu diesem Punkt, an dem ich tiefer in mich hineinblicken muss, um zu sehen, was noch zu erfüllen ist. Wer ich noch bin, außer Mutter (von ganzem Herzen), Lokalbesitzerin, Ehefrau und brauchbarer Faktor, um alles am Laufen zu halten. Verantwortlich bin ich dafür ganz allein. Niemand kann einen erkennen, wenn man sich nicht einmal selbst kennt und schon gar nicht, wenn man sich nicht zeigt, öffnet, preisgibt oder sich erkennen lässt. Natürlich ist es mutig, sich zu öffnen. Man gibt sich teilweise der Lächerlichkeit preis, denn es ist sehr oft total unverständlich für andere, was da alles in einem vorgeht. So viele verdrängte Gefühle, Verschüttetes im Inneren. Da kennt sich keiner mehr aus, nicht mal man selbst. Alles funktioniert und man könnte fast glauben, es ist Glück, aber tatsächlich fehlt etwas. Dieses

Etwas muss ich erst ergründen. Es gibt diese Sehnsucht, diese Einsamkeit. Allein meine Entscheidung, etwas zu verändern oder ergründen zu wollen, hat etwas in Schwung gebracht. Natürlich ist es einfacher, Zeit dafür aufzubringen, wenn man, Dank Corona, keiner Arbeit nachzugehen hat. Wie so oft im Leben ergibt eins das andere und etwas Negatives hat selten nicht auch etwas Positives. Viele werden vielleicht ihre Lebenssituation überdenken, durch dieses plötzliche Heraustreten aus dem Lebensrhythmus, aus dem eingelaufenen Hamsterrad. Man kann wohl mit etwas Abstand das eigene Leben anders betrachten, die Sichtweise verändern. Es wird wohl so manche Krisen und Trennungen und vieles mehr geben. Der Zeitpunkt für mich ist günstig. Vor allem, weil ich schon vorher das Gefühl hatte, zerrissen und auf der Suche zu sein. Die Umstände haben es gut mit mir gemeint, mir geholfen, tatsächlich endlich zu beginnen, meine Überlegungen und Gedanken weiterzuführen. Wenn ich ganz ehrlich bin, geht es mir gerade supergut. Ich fühle mich von einigen Zwängen befreit, was mir ermöglicht, mich zu öffnen und tiefer in mich hineinzublicken als sonst. Die Hitzewallungen sind zwar ärgerlich, aber ich habe das Gefühl, wenn ich nicht die Einschränkungen von allen Seiten – Corona und miesen Schlaf – hätte, wäre ich wieder von meinem Weg abgewichen. Es scheint mir der richtige Zeitpunkt zu sein. Alles ist im Umbruch – und ich auch. Langsam habe ich das Gefühl, dass sich eine Idee, ein Weg auftut. Eine Vision, eine Vorstellung, was für mich richtig und erfüllend sein könnte.

Ein kleiner Plan für die dritte Etappe meines Lebens:
- Das Niederschreiben. Dadurch wird es realer und verschwindet nicht gleich wieder in der Verdrängung oder Vernachlässigung.
- Das Lesen von Büchern. Es bringt mich auf neue Ideen oder lässt Altes wieder aufleben.
- Das Erkennen von Parallelen.
- Das Meditieren. Das tiefere Bewusstsein anzapfen, das Wahre und Unbewusste nach oben bringen.

ZIELSUCHE

Ein paar grundlegende Inspirationen konnte ich aus dem Buch „Eat Pray Love" von Liz Gilbert mitnehmen. Wenn man sich mit etwas beschäftigen will, muss man das täglich machen, nicht sporadisch. Also werde ich versuchen, jeden Tag kurze Gedanken oder auch lange niederzuschreiben. Mir ist eigentlich nicht wirklich langweilig. Ich schlafe schlecht durch die Wallungen, die mir richtig einheizen. Auch untertags bin ich ständig am An- und Ausziehen. Heute habe ich mir in der Apotheke Johanneskrauttee und Salbeitabletten geholt. Sie enthalten Isoflavone, die mir Erleichterung verschaffen sollen. Ich habe mir Gespräche auf YouTube angehört, beispielsweise Jon Kabat Zinn „Achtsamkeit/Mindfulness". Ja, es gibt Anregungen. Gleichzeitig habe ich das Gefühl, als würde ich mich wieder von mir wegbewegen. *Sind es zu viele Anregungen? Zu viele Möglichkeiten?* Ich weiß ja, dass es ganz, ganz viele Varianten des Lebens, der Lebensführung gibt. Eigentlich möchte ich aber meine eigene finden. Meine Erfüllung ist sicher nicht jedermanns Erfüllung – dieses Finden ist nicht so einfach. Wenn man einmal weiß, was einen erfüllt und zufrieden macht, erscheint es einem gar nicht mehr so schwierig, auch danach zu leben. Diese Entscheidung, die richtige Entscheidung zu treffen, ist eine Herausforderung. Dazu muss man wohl in sich selbst suchen und nicht im Außen. Ich werde versuchen, mehr in die Tiefe zu gehen – zu meditieren, den Kopf freizubekommen. Atmen. Die Meditationen sind auch eher Suggestionen – „Eingebungen" – das Eigentliche ist ja in mir, nur eben verschollen und eingegraben. Viele kleine Videos, die lustig waren, haben mich auf die Idee gebracht, doch meine Zeit zu nutzen für schöne Dinge. *Warum sollte ich mich ständig mit negativen Dingen beschäftigen?* Der Gedanke, diese unfreiwillig gewonnene Zeit damit zu füllen was ich gerne mache. Mir wurde bewusst, dass ich endlich Zeit hatte, die ich mir schon lange gewünscht habe. Zeit für mich. Die Erkenntnis, wie stark und bewegend Worte, Musik, sein können, hat mich inspiriert.Viele haben Zeit gewonnen, durch dieses Herausreißen aus alten Gewohnheiten. Wenige konnten diese gewonnenen Zeit für sich nutzen. Schlechte Nachrichten verunsichern die Menschen und läßt ihrer Kreativität keinen Raum. Ich habe mich davon befreit.

Der Gedanke, dass Freude schenken, nette Gespräche ein „Gut" ist, das nichts kostet und wie ein Virus sein kann, hat mich inspiriert. Der Virus verbreitet sich schnell und unsichtbar. Bringt aber nicht den Tod, sondern Liebe und Freude.

Corona ist Gesprächsthema Nummer Eins. Ab morgen ist überall Maskenpflicht. Mundschutz – ein unglaublich ungewohnter Anblick. Immer wieder erschreckt mich diese Situation.

Ich beginne, mehr Entspannung in mein Leben zu bringen. Kein Alkohol, weniger Essen und bewusstes Teetrinken (Entspannungstees).

Bei genauerer Überlegung habe ich etwas Widerstand gespürt: *Will ich meinen Gefühlen wirklich genauer auf die Spur kommen?*
- Die niederen Instinkte sind eben doch da.
- Nicht alles oder sehr wenig tut man selbstlos.
- Verzicht oder Geben ist nicht so einfach, wenn nicht gleich jemand klatscht oder lobt.
- Einfach so zu sein, wie man ist, kann einen auch erschrecken. Oft auch schon der Gedanke – ein Gedanke, für den man sich schämt. Dumme, unachtsame Worte über andere Menschen.
- Diese Entscheidung – *Wer bin ich? – Bin ich wirklich so?* – im Guten wie im Schlechten.
- Oft der Zweifel, was ich tun oder wie ich reagieren soll.
- Nicht wissen, wie ich richtig reagiere.
- *Entscheiden, ob man etwas sagt, sich für etwas einsetzt, still bleibt – was ist besser?* Das fällt mir sehr schwer.
- *Welche Richtung? Was und wohin will ich?*

Wenn man das Ziel kennt, ist es bedeutend einfacher. Bis jetzt war mein Ziel und meine Erfüllung die Familie. Aber jetzt kann das nicht mehr alles in mir befriedigen.

Es ist ein abgeschlossenes Ziel. *Was ist das neue Ziel?*
- Da muss zuerst Klarheit kommen, durch Suchen in der Tiefe.
- Wenn etwas auftaucht, nicht wegschieben, wenn es auch nicht so angenehm ist.
- Mut, etwas zu erkennen und Mut, es zu benennen.
- Mut, es zu ändern.

Mit meiner Tochter war ich sehr viel wandern. Wir haben viel über meine Themen gesprochen. Es war sehr einfach, mich zu öffnen. Meine momentane Unsicherheit bezüglich meines weiteren Lebens zu teilen. Ich habe ja mein Ziel im Prinzip schon erreicht. Ich habe eine Familie, die mich sehr glücklich macht, wofür ich jeden Tag dankbar bin. Grundsätzlich kann man sich gar nicht mehr wünschen. Aber das ist eine Floskel. Ganz tief in mir ist etwas unerfüllt. Natürlich ist es ein Luxus, darüber nachdenken zu können, was noch erfüllbar wäre – es dann auch noch erfüllen zu wollen, ist fast zu viel für bescheidene Menschen. Es ist aber so. Mein Weg beginnt genau hier und scheinbar gibt es etwas Höheres, einen Grund dafür, dass ich mich mit dem Leben auseinandersetze. Diesen Gedanken hatte ich schon öfter – zum Beispiel bei meinem Autounfall. Scheinbar ist noch etwas offen auf meinem Weg. Etwas Höheres hat mich unverletzt aus diesem Auto aussteigen lassen. Ohne diese höhere Macht wäre ich nicht mehr in dieser Welt. Mein Leben hat mich schon vor einige Prüfungen gestellt. Aber aus allen schwierigen Situationen konnte ich mit Zuversicht herausgehen.

Ich gehe einfach weiter. Das Ziel ergibt sich aus meinen weiteren Entscheidungen, Wege werden sich eröffnen. Ich muss nur hinschauen, darauf vertrauen und richtige Entscheidungen treffen. Ich spüre eine Veränderung. Eine neue Gesellschaft entsteht. Ich hoffe sehr, dass moralische Werte wieder in den

Mittelpunkt gestellt werden. Sinn und Wert – ein langer Weg auch für die Gesellschaft. Das braucht grundlegende Einstellungen. Bestehende und sich rasant entwickelnde Technologien, die unsere Vorstellungskraft herausfordern. Ich sehe ein Ende der heutigen Gesellschaft – totgelaufen, sinnentleert, pragmatisch, gefühllos, tot. Vielleicht hat es tatsächlich Corona gebraucht für Wandel und Veränderung. Besinnung/Verlangsamung. Über einen Monat sind wir schon aus dem Urlaub zurück und sozusagen in Ausgangssperre. Wir gehen oft spazieren. Ich kann es einfach nicht fassen, aber die Hitzewallungen sind praktisch verflogen – einfach unglaublich. Das Leben ist gleich wieder viel leichter. Endlich wieder normal schlafen. Die Kraft und die Motivation kommen langsam zurück – DANKE! Natürlich möchte ich meinen Weg nicht gleich wieder aufgeben. Ich versuche, mich weiter zu vertiefen, mich mit mir zu beschäftigen.

Mein Leben ist sehr eingeschränkt durch die Pandemie. Corona hält mich fern von meinen Eltern und Freunden – zwingt mich praktisch, mehr mit mir selbst zusammen zu sein. Immer öfter entdecke ich Podcasts, die mich inspirieren. Geschichten von Menschen, die ihren Weg beschreiben, ermutigen mich, selbst stark und mutig zu sein. Es ist wie ein gutes Buch, das einem hilft, sich, und die Welt besser zu verstehen. Der Gedanke, dass ich das auch kann, kommt wie selbstverständlich. Ich bin an dem Punkt einer Weggabelung. An einem Punkt, Gedanken und Visionen eine klare Richtung zu geben.

Meine Überzeugung von der Richtigkeit und Gewissheit – Vertrauen ins Universum – ist erwacht. Unglaublich, so erdig und gleichzeitig so spirituell. Das ist genau der Punkt, an dem ich gerade stehe. Diese Verbindung von tiefer Überzeugung im Innersten und Vertrauen in mich selbst. Ein so gutes und selbstverständliches Gefühl der Klarheit statt Zerrissenheit. Als wäre der Weg jetzt plötzlich schon real. Allein durch die Überzeugung in mir. Selbstermächtigung durch Selbsterkenntnis.

Das nahe Ziel ist durch Meditationen auf eine andere Empfangsebene zu kommen. Nicht immer das Negative im Vordergrund zu sehen. Wenn ich darüber nachdenke, wie ich angefangen habe, Yoga zu machen oder Klavier zu spielen. Wie sehr ich damit gekämpft habe und niemals daran geglaubt habe, zum Beispiel einen Handstand zu machen oder so viele verschiedene Stücke auf dem Klavier zu spielen. In meinem Alter, immerhin war ich fast 40 Jahre alt, als ich angefangen habe, Klavier zu spielen. Dann sehe ich im Außen, was alles möglich ist. Das gibt mir Vertrauen, dass das auch im Innen möglich ist, wenn ich kontinuierlich daran arbeite. Dazu bin ich jetzt bereit. Vor über 30 Jahren wollte ich schon meditieren, aber damals war das noch zu weit weg. Es gab praktisch kein Angebot. Jetzt gibt es so viel Angebot, dass es schon wieder schwierig wird, sich zu entscheiden. Podcasts, YouTube, Bücher und vieles mehr. Ich möchte mich nicht zuschütten lassen, sondern meinen ganz eigenen Weg gehen, mit Hilfestellungen und Tools, die mich ansprechen. Meine eigenen Erfahrungen zeigen mir, was ich schon geschafft habe – unmerklich nur durch Kontinuität.

Ich werde weiter reflektieren, aufschreiben und jeden Tag einen Plan schmieden, Schritt für Schritt an meinem Selbstbewusstsein arbeiten.
- positive Suggestionen.
- höhere Energieebenen.

Ich habe mir vorgenommen, Schreiben als Fixpunkt in meine täglichen Routine zu integrieren, sowie Spanisch, Tennis, Klavier, Yoga und so weiter. Wenn ich das alles mache, bin ich ziemlich eingedeckt. Noch bin ich nicht in Pension. Es braucht also eine gute Einteilung. Schwerpunkt ist für 2020 das Integrieren von Meditationen und Affirmationen, um mein Selbstwertgefühl zu erhöhen. Tatsächlich muss ich besser zu mir selbst sein und die positiven Erfolge in den Mittelpunkt meines Denkens stellen. Diese Glaubenssätze „Sei bescheiden. Stell dich nicht in den Vordergrund." sitzen sehr tief.

Man ist ja nicht eingebildet, wenn man sich seine Stärken bewusst macht, alle Möglichkeiten nutzt, um ein erfülltes Leben zu führen. Sonst hätte mir das Universum wohl keine Talente gegeben. Ich erlaube mir, mir meiner Talente und Fähigkeiten bewusst zu werden, und mich in Liebe mit mir auseinanderzusetzen. Ich möchte mich noch mehr ausprobieren, noch mehr Mut haben. Mut als selbstverständliche Eigenschaft anerkennen, ohne diese ständige Angst vor den Meinungen anderer. Jeder Tag ist eine Herausforderung. Ich habe volle Lust darauf. Lust auf's Leben. Bewegung ohne sichtbares Ziel. Ich habe EFT (emotional freedom technique) zu meinen morgendlichen Yogaübungen dazu genommen. Es ist sehr spannend, sich selbst und die Gefühle bei verschiedenen Übungen, bei der Atmung und den Worten zu beobachten. Ich nähere mich meiner inneren Welt an. Gefühle zu analysieren und zuzuordnen, gehört zu meinem Tagesablauf.

Seit einiger Zeit bin ich bei einem Buchclub, was sehr bereichernd ist. Heute habe ich mir überlegt, beim Buchclub mehr Persönliches einfließen zu lassen. Die Zeit der Eltern und Großeltern, die Kriegszeit zum Thema zu machen. Deren Geschichte zu betrachten, um deren Leben besser zu verstehen.

Vielleicht erkennt man dann vieles in der eigenen Geschichte – durch Austausch, wie das Leben so läuft. Wenn man Persönliches einbringt, lernt man sich dadurch auch besser kennen.

Persönliches zu erzählen ist mutig und gleichzeitig so erfrischend und lebendig, weil Gefühle ins Spiel kommen. Vielleicht gibt es auch eine Verbindung zwischen dem Austausch im Buchclub und dem Schreiben meines Buches. Dieses Buch über die Zeit unseres Lebens – als Frau. Entwicklung sichtbarer machen durch Geschichten von anderen. Teilen von Lebensgeschichten. So wie „Die Deutschstunde" oder „Das weiße Band". Wie eine Biografie eines Menschen, eine Biografie einer Zeit – unserer Zeit. Die Zeit, wie sie uns geprägt hat, verschiedene Ansätze – ein Mammutprojekt. Möglichkeiten über Möglichkeiten. Es gibt keine genaue Vorstellung. Ich beginne einfach irgendwo, mit dem, was mir gerade einfällt.

Ein Gedanke ist: In der Öffentlichkeit zu weinen vor Glück oder Trauer scheint mir sehr schwer. *Warum ist es so schwer? Angst vor Verletzung?* Der Gedanke „Das Leben ist gar nicht mehr echt" kommt mir in den Sinn. *Oder erscheint es nur mir so, weil es mir schwerfällt, Gefühle zu zeigen?* Ich möchte mich auf jeden Fall mehr öffnen und der Beginn soll ein Vorschlag im Buchclub sein. Alle sollen einen kurzen Lebenslauf schreiben, über ihr Leben. Damit möchte ich herausfinden ob es Parallelen gibt. *Wie verschieden sind unsere Leben wirklich? Wie war die Zeit für eine Frau damals?* Wir sind jetzt die Frauen von damals – Frauen von der letzten Generation. *Wie weit fließt dieses damals in das Jetzt hinein?* Diese Zeit war so anders. Genauso wie die Zeit meiner Mutter eine ganz andere war. Ich werde ein Buch schreiben, in dem ich mein Leben verarbeite und Vergleiche zu Gleichaltrigen oder auch Jüngeren anstellen möchte. Gleichaltrigen bis zehn Jahre jünger oder zehn Jahre älter. Ich möchte herausfinden, ob es in diesem Zeitraum schon Unterschiede beim Aufwachsen gegeben hat. Wie sehr man von der Arbeiterschicht oder dem Bürgertum geprägt ist. Welche Rolle die Überzeugungen der Eltern in unserer Entwicklung spielen. Spannend wäre auch, ob es Schlüsselerlebnisse gegeben hat. Wodurch sich gemeinsame Lebenslinien erkennen lassen – eine erste Idee ist entstanden. Daraus hat sich gleich ein nächster Gedanke entwickelt. Natürlich kann ich auch gleich allein damit anfangen, denn hauptsächlich mache ich das alles, um mein Leben zu spiegeln. Eigentlich schreibe ich ja schon darüber, das ist einfach eine Vorgeschichte. Aufarbeiten der damaligen Zeit. Aufarbeiten von Vergangenheit durch das Teilen mit anderen. Ich erhoffe mir davon mehr Verbindung zu den anderen Frauen und die Öffnung zu mehr Persönlichem. So wie man eben auch Bücher liest und teilt, teilt man auch die eigene Geschichte. Man macht sich angreifbar, verletzbar – aber viel mehr bekommt man zurück. Jede soll die Gelegenheit haben, in einem geschützten Rahmen mehr von sich selbst zu zeigen. Ich bin sehr neugierig und aufgeregt. Morgen werde ich die Idee einbringen. Eine grobe Vorstellung habe ich bereits. Eine Frauengruppe, die offen miteinander spricht, sich gegenseitig damit befruchtet, ohne zu bewerten. Persönlicher Austausch von Kindheit, Zeit und Entwicklung. Ich werde noch gleich einen Fahrplan aufstellen. Es erscheint mir wichtig, regelmäßig zu dokumentieren. Durch das Aufschreiben wird alles viel bewusster und klarer. Es bringt Gesagtes mehr auf den Punkt. Ich werde mir ein Visionboard zulegen, um den Fokus nicht zu verlieren. Gedanken sind wie Schmetterlinge – unruhig und flatterhaft.

„If you know how to
handle your thoughts
and emotions, there will be
no such thing as anxiety, stress,
or tension within you."
Sadhguru

Quelle: https//m.facebook.com

Es gibt viele Möglichkeiten zur Persönlichkeitsentwicklung. Für mich haben verschiedene Podcasts zu Entscheidungen geführt. Es ist eine Begabung Millionen von Menschen zu berühren. Oft berührt mich die Einfachheit von Menschen, wenn sie ihre Gefühle so selbstverständlich aussprechen. Oft fühle ich mich angesprochen von bestimmten Denkweisen. Denkweisen die ich selten höre, aber meiner Denkweise entspricht.

Meine negativen Gedanken sind mir bis dato gar nicht wirklich aufgefallen. Immer öfter ertappe ich meine Gedanken dabei, wie sie sich verselbstständigen. Wie negative Glaubenssätze mein Leben dominieren. Ich arbeite daran, sie zu verändern. Sie umzuwandeln in positive Gedanken. Ich erinnere mich daran, wie populär es geworden ist mit seinem inneren Kind zu arbeiten. Ich habe keine Bücher darüber gelesen. Aber genau das tue ich gerade.

Wundervolle Bilder, schöne Worte, all das erschafft eine neue Welt.
- Negative Gedanken durch positive Gedanken ersetzen.
- Alte Glaubenssätze umwandeln.
- Schöne Bilder erschaffen-, erschaffen einer inneren positiven Welt.

Kindern erzählt
man Geschichten
zum Einschlafen
Erwachsenen damit sie aufwachen
Jorge Bucay

Quelle: Ein Geschenk meiner Tochter :)
Komm, ich erzähl dir eine Geschichte, Jorge Bucay
Aus dem Spanischen von Stephanie von Harrach
Erschienen bei Fischer Taschenbuch Frankfurt am Main,
Dezember 2008
17. Auflage Januar 2016

ERINNERUNGEN

Es ist wirklich verrückt, wenn ich zurückdenke, wie mies mein Körpergefühl war, bevor ich vor Jahren mit Yoga angefangen habe. Von außen nach innen. Langsam habe ich mich vom Sport zum Yoga zum Inneren – dem Spirituellen – vorgearbeitet. Gelesen habe ich immer, um Antworten zu finden. Reine Unterhaltung habe ich nie darin gesehen. Immer habe ich die Tiefe gesucht. Als Kind bin ich wohl deshalb auch gerne in die Kirche gegangen, weil es da irgendwie Antworten gab – spirituelle Antworten. Ich habe mich immer wohlgefühlt, aufgehoben und beschützt. Tatsächlich sehe ich jetzt, dass es Botschafter:innen, Weltveränder:innen gibt. Zugänge zu Kongressen, zu allgemeinem Wissen, zu Geschichten von Menschen, wirken sich inspirierend auf mich aus. Ich merke, dass ich eine große innere Welt habe, die sich unerfüllt gefühlt hat. Hoffnung hat sich in mir breit gemacht. Es gibt Möglichkeiten, um die Welt zu einer besseren Welt zu machen. Es offenbart sich mir eine Welt die ich wundervoll finden würde, mit mehr Lebensqualität. „Fülle für alle"; „Eine Welt, die wir alle erschaffen"; „Mit kleinen Dingen Großes bewirken." Vieles fühlt sich so wahr, so richtig an. Ich empfinde große Bewunderung für diese Menschen, die sich trauen ihre Wahrheit, ihre Vorstellung von der besseren Welt klar auszusprechen. Ich spüre, dass dies genau der Grund ist, warum sich etwas verändert. Sie vertreten ihre Werte, das ist es was mich begeistert. Sie glauben an sich selbst und verwirklichen sich selbst. *Warum verlieren Menschen ihre Werte, ihr Selbstwertgefühl? Warum missbrauchen Menschen ihre Begabung der Begeisterungsfähigkeit?* Vielleicht weil sie glauben, dass Macht das Größte ist was sie erreichen können. *Vielleicht ist es eine Gefahr für Menschen, zu viel Macht zu haben?* Ich denke an Menschen, die ihre Macht nutzen, um niederen Instinkten zu folgen. Menschen sind sehr gefährdet, ihre Macht zu missbrauchen. Wie die Kirche oder Politik. In solchen Positionen wirst du immer mehr zum Diener für Menschen oder zum Machtmissbraucher. Ich glaube, es ist schwer, seine Werte nicht zu verraten, wenn man Macht hat.

Der Mensch ist sehr gefährdet, Verantwortung und somit sein ganzes Leben an solche Menschen abzugeben. Es gibt ja bereits viele, viele negative Beispiele: Gurus, Kommunen, Diktatoren, die sich als Retter aufspielen. Menschen die das Mindset anderer manipulieren, um sich ihrer zu bedienen.

Die Menschheitsgeschichte zeigt, dass Menschen immer auf der Suche nach Erkenntnissen waren, nach Lebensgestaltungsmustern, nach Erweiterung des Lebens. Annäherungen durch Rituale, Gesänge, Trancezustände, Pflanzen. Versuche, das Bewusstsein zu verändern gab es in allen Kulturen. Auf der anderen Seite stehen Menschen, die geführt werden wollen. Deshalb ist es so wichtig, dass Menschen, die führen, ein hohes Bewusstsein besitzen, um diesen Auftrag gut zu erfüllen. Um ein guter Unterstützer und Begleiter für Menschen zu sein, die sich weiterentwickeln wollen.

Ich bewundere den Mut der Menschen die ihren Weg gehen. Mir ist aber bewusst, dass es nicht mein Weg ist. Wenn ich beobachte, wie Menschen andere Menschen, wie Sportler oder Stars vereinnahmen, anbeten oder auch verdammen, macht es mir Angst. Menschen neigen dazu, Meinungen hineinzuinterpretieren, das ist gefährlich. Menschen lieben und hassen sehr schnell. Wenn sie in den Augen der Bewunderer plötzlich anders sind, als sie sein müssten, entziehen sie diesen Menschen ihre „Liebe".

Sie vereinnahmen diese Person, machen deren Leben praktisch zu ihrem Leben. Wenn Stars oder Vorbilder sterben, fallen viele Menschen oft in ein totales Loch. Sie haben sich so identifiziert mit dieser Person, dass sie ihre wahre Identität praktisch verloren haben. Völliger Absturz, Selbstmord oder geistige Verwirrung sind die Folge. Das gibt es bei vielen Identifikationen. Mit Leistung oder das berühmte Pensionsloch – keine Arbeit oder Leistung bedeutet für diese Menschen keine Wertschätzung, keine Anerkennung mehr. Die Menschen fühlen sich wertlos – es bleibt praktisch nichts von ihnen übrig. Dasselbe Phänomen kann genauso bei Spitzensportlern eintreten: *„Wer bin ich ohne Leistung und ohne Arbeit? Bin ich liebenswert ohne Leistung, ohne Geld?"* Wenn ich mich rein darüber definiert habe, bleibt im Grunde nichts übrig. Identitätsverlust verursacht schwere seelische Störungen.

Anhäufung von negativen Glaubenssätzen macht es schwierig, positive Glaubenssätze zu etablieren. Diese Menschen brauchen ständige Begleitung und Aufmunterung. Menschen mit Millionen Follower sind schon ein kleiner Gott für viele, aber viele Götter wurden schon vom Thron gestoßen, von Menschen, die nicht so viel Liebe in sich haben. Missgunst und Neid haben eine große Energie.

Hoffentlich gibt es jetzt diesen Wandel zu mehr Menschlichkeit und Liebe – ich bin dabei, ich arbeite daran. Mögen gute Vorbilder ihren wundervollen Weg weitergehen und vielen Menschen ein Beispiel sein.

Fünf Uhr morgens. Die Hitzewallungen sind wieder stärker geworden. Das macht mich ganz verrückt. *Warum fühle ich mich so schlecht?* Eine gute Möglichkeit, daran zu arbeiten, hinein zu fühlen: *Wo ist das Gefühl? Was ist es genau? Warum fühle ich das?* Ich erschaffe dieses Gefühl in mir. *Welches Gefühl löst es aus?* „Ich erschaffe meine innere Welt" heißt auch, dass ich selbst für diese negativen Gefühle verantwortlich bin. Ich muss versuchen, sie zu fühlen, sie zuzulassen, zuzuordnen und loszulassen. Atmen, lächeln, positive innere Welt erschaffen. Es ist ein gutes Gefühl, Tools/Vorschläge/Methoden im Kopf zu haben, wie man damit umgehen kann. Ich erschaffe dieses Gefühl, also kann ich es auch verändern. Wahrscheinlich ist es

Enttäuschung statt Vertrauen. Eigene Suggestionen, die triggern – sie verstärken ein Gefühl: „Typisch, du schätzt mich nicht, du liebst mich nicht."

Diese Interpretationen kommen immer wieder. Sie sitzen tief, haben aber keine Macht mehr über mich, weil ich mir bewusst bin, wie diese Gedankenkonstrukte funktionieren.

Die Erkenntnis, dass ich mir ja selbst schlechte Dinge sage. Meine eigenen Gedanken dem anderen unterstelle. Es sind im Grunde nur meine eigenen Zuschreibungen, Triggerpunkte und Suggestionen, die ich selbst in das Handeln und die Worte anderer Menschen hineininterpretiere. Wie ich Aussagen anderer Menschen interpretiere, was ich höre und sehe, unabhängig davon, was tatsächlich gesagt und getan wird, bestimmt mein Leben. Beurteilungen und Bewertungen sind eine sehr persönliche Angelegenheit. Sie entstehen in meinem Kopf und sind beeinflusst von alten Urteilen über mich, die ich abgespeichert habe. Sie erfüllen nicht das Kriterium einer Beschreibung. Sie sind niemals objektiv und keine Beobachtungen.

Ich erlaube mir eine eigene Meinung, aber kein Urteil. Ich bin Beobachterin, bewerte aber nicht. Ich durchleuchte mein Innenleben. Meine Gedanken während eines Tages. Mein innerer Dialog muss sich ändern. Mein Umgang mit mir selbst, meine negativen „Zuordnungen" müssen aufhören. Ich bin der Erschaffer meiner eigenen Gedanken. Meine innere Stimme, die nicht immer tolerant und großzügig ist: „Siehst du, du kannst es nicht"; „Das sind doch Träumereien"; „Sei nicht unrealistisch, das kann nicht funktionieren." Ein kleiner Miesmacher – diese innere Stimme. Ich habe sie aufgespürt. Gegenüber anderen bin ich eher tolerant, mir selbst gegenüber bin ich ziemlich streng – zu streng. Ich sage mir selbst schlechte Dinge, das muss aufhören. Ich muss gut zu mir sein, lieb und nachsichtig, mich streicheln und trösten, mich selbst umarmen.

Das hilft mir – ich fühle mich viel besser.
- Annehmen, was ist, dieses negative Gefühl nicht wegschieben, sondern zuordnen/fühlen.
- Anerkennen, dass es so ist, ohne mich dafür schlecht zu fühlen.
- Loslassen.

Die Erkenntnis, dass es ganz in meiner Hand liegt, das zu ändern, macht mich stark. Ein tolles Gefühl, aus dieser Opferrolle und Abhängigkeit herauszukommen. Die negativen Gefühle ändern zu können, ohne dass man jemanden dazu braucht. Der andere muss sich nicht ändern, alles liegt in meiner Hand. Das macht stark und meine Hilflosigkeit ist weg. Ich freue mich fast auf die nächste Enttäuschung, um damit arbeiten zu können, es auszuprobieren. Es ist so logisch und macht so unabhängig von der Laune anderer. Ich sage Danke, wenn ich mit Menschen konfrontiert bin, die mich spiegeln und herausfordern. Es dient meiner Weiterentwicklung.

Meine innere Welt erschafft die äußere Welt; jetzt erst verstehe ich das wirklich. Ich freue mich auf die nächste Herausforderung – das ist also Persönlichkeitsentwicklung. Toll – ich bin sowas von bereit dazu. Endlich handeln zu können, weil ich nur mich selbst brauche, und ich bin immer da. Meine Herausforderung liegt jeden Tag bei mir im Bett. Mein „Arbeitstool" – mein Selbst.

Gestern gab es einen Selbstmord. Er hat schon lange unter Depressionen gelitten und ich kann mir sehr gut vorstellen, wie furchtbar das ist. Wenn man gegen sich selbst kämpft, gegen seine Minderwertigkeitsgefühle. Wenn man das Schöne rund um einen herum nicht sehen kann – das kenne ich. Man ist blind. Doch es geht auch umgekehrt – plötzlich kann man nicht mehr verstehen, warum man das Wunderbare nicht sehen konnte, seinen eigenen wundervollen Körper nicht wertschätzen konnte. Das Wunder der Welt nicht sehen konnte.

Es ist so unfassbar, wie sehr man sich selbst triggern kann, sein Inneres ins Negative lenken kann. Wo es doch so einfach ist, weil man „nur" seine Gedanken richtig lenken – erkennen, zulassen, loslassen – muss. Jeder ist seines Glückes Schmied. Dieser Spruch stimmt auf jeden Fall, denn dann ist man ganz und gar für sich selbst verantwortlich. „Deine innere Welt erschafft deine äußere Welt." Ich hab's verstanden. Jetzt muss ich es im Alltag umsetzen.

Kommenden Freitag haben wir wieder Buchclub, da werde ich mein Projekt vorstellen. Mein Buch zu schreiben. Aber mein größtes Projekt bin ich selbst, meine Persönlichkeitsentwicklung.

Das Coronajahr 2020 wird immer mehr zu meinem Jahr der Persönlichkeitsentwicklung. Dank der vielen Inspirationsmöglichkeiten bin ich auch relativ zügig unterwegs, vor allem mit Begeisterung. Ich sehe einen guten Weg für mich, etwas, bei dem es wieder Sinn ergibt, daran zu arbeiten. Das Ende sehe ich nicht.

Ich entscheide mich, einfach aufzuschreiben, was ich tue. Ich gehe einfach weiter, ohne genau zu wissen, wohin dieser Weg führt, meinem Gefühl folgend. Mein nächster Schritt ist ein Vatertagsbrief, mit vielen lieben Worten, ein „Geben". Dann werde ich mich mit meiner Volksschulfreundin, treffen, ich möchte wissen, wie sie zu dieser Aussage gekommen ist: „Eine intellektuelle Tochter zu haben, ist auch nicht so einfach." Wie sie mich als Kind gesehen hat, als Teenager. Da bin ich sehr neugierig. Dann das Treffen im Buchclub, da fließen sicher auch einige neue Gedanken ein.

Je mehr ich mich mit dem Thema „Glaubenssätze, Prägungen" auseinandersetze, desto mehr sehe ich diese Suche auch bei vielen Schriftstellern. Damals gab es dieses Wissen – noch nicht so im Detail. Damals floss die gesamte Verwirrung/Verirrung in das Buch ein, zum Beispiel: „Auslöschung" von Thomas Bernhard.

Für mich waren das hochsensible Menschen, die durch diese Zeit, sowie die Prägungen und Wertvorstellungen der Familie, nicht richtig zum Leben kamen und durch Schreiben viel aufgearbeitet haben oder einfach einfließen lassen haben. Der Mensch ist ja total zerrissen, wenn er nicht sehen kann, warum diese verrückten Gedanken kommen. Die Muster wurden nicht erkannt. Viele, viele Schriftsteller waren ja fast „lebensunfähig" im Sinne von „beziehungsunfähig". Verwirrte Gedanken, Gedanken, die irgendwie nie ins Leben passen und dadurch furchtbar unglücklich machen.

Immer öfter bekomme ich Antworten auf Fragen die ich mir schon lange gestellt habe. Die Sichtweise auf Whitney Houston beispielsweise, wie oft habe ich schon gedacht. Wie kann ein Mensch so unglücklich sein, der so toll aussieht, so toll singt. Das konnte ich lange nicht verstehen. So ein Star und so eine trostlose innere Welt. Jetzt verstehe ich. Das hilft mir auch andere Menschen zu verstehen, die toll aussehen, die scheinbar alles haben, sich aber unglücklich fühlen.

Ich habe den Podcast „Verbinde dich mit deinem Spirit" gehört und zum ersten Mal habe ich das Gefühl gehabt: „Hoffentlich geht mir das nicht zu weit." Dieses Verbinden mit dem Higher Self ist für mich total okay. Aber wenn das dann Lichtwesen sind, macht mir das fast ein bisschen Angst, dass ich mich da verlaufe, in diesen hohen Sphären. Andererseits habe ich schon so oft kehrtgemacht, wenn sich wirklich was getan hat – gefühlsmäßig –, irgendwie muss es wohl so sein. Vielleicht habe ich dafür all meine kritischen Unfälle überlebt, um doch noch einen Schritt weiter zu gehen. Vielleicht bin ich wirklich dafür bestimmt, noch Gutes zu bewirken und dies ist der Zweck meines Daseins.

Im Buchclub haben wir für das nächste Treffen „Malina" von Ingeborg Bachmann auf dem Plan. Ich werde dieses Buch dazu nutzen, meine Ideen von Prägungen in den Vergleich/Kontext zu stellen. Ich glaube nämlich, dass auch sie sehr unglücklich war, trotz ihrer Wichtigkeit als Literatin. Diese Unmöglichkeit, zu leben – ein normales Leben zu führen.

Ich kann mich noch sehr gut an dieses Gefühl erinnern. Diese Entscheidung; Mann, Ehe, Kind. Es war tatsächlich eine Entscheidung. Meine tiefsten Gefühle waren nicht mitteilbar. Nicht einmal mir selbst mitteilbar, nicht für dieses Leben. Wunderschöne Gefühle, die als dumm bezeichnet worden wären. Es hätte mich verdächtig gemacht – sehr weibliche Gefühle, viel Liebe, wahrhafte Gefühle, die man lieber bedeckt hält, wenn man funktionieren soll und will. Das Leben ist wie es ist und muss gelebt werden. Man muss sich vor Verletzungen schützen, soweit es geht. Damals hatte ich nicht die Möglichkeiten, mich auszudrücken. Meine Gefühle waren mir selbst suspekt. Jetzt fühle ich mich bereit, meine Gefühle zu akzeptieren und zu leben. Der Preis, gefühllos durch die Welt zu gehen, ist zu hoch. So tragisch langweilig, ein langweiliges Leben, langweilige Gespräche, tote Gemeinsamkeit, das ist auch Mangel. Fülle empfinde ich, wenn ich die volle Bandbreite der Gefühle zu lasse. Es ist schön, sich zu spüren, zu leben mit allen Höhen und Tiefen. Es ist wunderbar, allein daran zu denken. Eine neue Welt tut sich auf – die Welt der Liebe. Liebe macht verletzlich, das ist mir bewusst. Das Leben zu leben ohne richtig geliebt zu haben ist sicher nicht die Lösung. Das tiefste, schönste Gefühl. Ich weiß ganz genau, was es heißt, und es hat mir schon so wehgetan, dass ich sie vergraben habe, kein Vertrauen mehr in sie hatte. Lieber nicht lieben, als wieder verletzt werden; das ändere ich hiermit wieder. Ich wage den Schritt. Ein Leben mit allen Nuancen – sehr spannend.

Fünfzig Seiten habe ich bereits geschrieben, unglaublich wie viele Worte in mir sind. Es fühlt sich an, als hätte ich all die Jahre nur gewartet, um alles aus mir herauszulassen. Den richtigen Zeitpunkt zu finden, all die Worte zu formen, die ich in mir gesammelt habe, sie zu Sätzen zu formen, um mich auszudrücken.

Mich so auszudrücken, dass auch andere mich verstehen können. Die Bemühung, im Außen Glück zu suchen, ist sinnlos.

Solange die Erkenntnis nicht angekommen ist, dass wahres Glück in der inneren Welt erschaffen wird, werden viele Menschen unglücklich bleiben.
- Prägungen äußern sich in den Gefühlen.
- Entspannung des Geistes, Entspannung des Körpers, Meditationen, sind Methoden, um zu inneren Frieden zu kommen.
- Man kann lange und auf höchstem Niveau und Intellekt diskutieren, aber eine einzige Umarmung mit dem tiefen Gefühl der Liebe wird es niemals ersetzen können.
- Hat man positive Gefühle/Prägungen auf seiner „Festplatte" verankert, ist ein gutes zufriedenes Leben möglich.
- Selbstliebe ist die Grundlage für ein erfülltes Leben.

Dieses Streben von Selbsterhöhung im Sinne von Ego vergrößern wird niemals glücklich machen. Diese Suche sehe ich auch bei einigen Literaten – körperlich und seelisch vereinsamte Menschen, die sich mit dem Schreiben auf die Suche gemacht haben. Nur mit dem Intellekt lässt sich keine Befriedigung finden. Ihre einzige Befriedigung ist es, als hochintelligent und intellektuell angesehen zu sein. Ansehen durch Intellekt ist dem Glück nicht gleichzustellen. Glück ist nur im Leben der Gefühle möglich und diese Gefühle wurden uns ausgetrieben. Gefühle zu zeigen war in unserer Generation nicht gefragt, denn das hätte das Tun, den Wiederaufbau in rasanter Geschwindigkeit verhindert. Zu diesem Zeitpunkt war diese Entscheidung eine Entscheidung für das Leben – überlebenswichtig. Essen und Kleidung zu beschaffen, hatte Priorität. Menschliche, gefühlvolle Handlungen wurden vernachlässigt. Verwahrlosung von menschlichen Werten wie Anteilnahme, Liebe und Berührungen scheint mir das eigentliche Übel zu sein. Diese Meinung, dass Verweichlichung durch Liebkosung und Zärtlichkeit schädlich ist, war nützliche Propaganda. Es wurde als Behinderung des Weiterkommens in der Wirtschaft, in der Rangordnung gesehen.

Wirtschaftswunder gibt es nicht umsonst. Der Mensch wurde benutzt wie eine Maschine, getäuscht darin, sein größtes Glück zu finden. Unsere tiefsten menschlichen Werte, die allein in der Kirche noch vermittelt wurden, wurden von der Politik, der Wirtschaft oder Kirchenoberhäuptern vereinnahmt und missbraucht. Diese fürchterliche Anbetung von Geld, Konsum und Rang führte zur Einstufung oder besser gesagt zur Abstufung des Menschen und wurde uns zum Verhängnis. Wir haben unsere Werte und unsere Liebe verloren und es gibt momentan nichts, was dem Menschen Orientierung auf einer höheren Ebene geben könnte. „Hast du mehr, bist du mehr" dient nicht der Weiterentwicklung des Menschen.

Letztendlich führt dieser Weg in die Leere, wie wir am Zustand der heutigen Welt deutlich erkennen können. Beim Menschen zu Rastlosigkeit, Unzufriedenheit, zu einem Gefühl der Sinnlosigkeit und geradewegs ins Burnout, oder in seelische Störungen.

Berührungen durch Musik, körperliche Berührungen, menschliche Berührungen im Geist – Liebe – darin sehe ich die einzige Rettung des Menschen. Diese „Aufzucht"-Erziehung von Kindern zu funktionstüchtigen Objekten ist unmenschlich und absurd. Lernen in Klassen kann man als sinnlos ad acta legen.

Lernen durch das Leben, um ein schöneres, besseres Leben für viele Menschen zu ermöglichen, ist sinnvoll. Damit werden den Menschen Werte vermittelt, die zu einem besseren Zusammenleben führen. Es werden keine Egoisten herangezogen. Freude an der Natur und den Gaben-Fähigkeiten jedes einzelnen sollen zum Mehrwert aller werden. Diese ganzen Verirrungen und Verwirrungen des Geistes wollen geklärt werden. Ein freier Geist braucht Klarheit.

Geistige Höhenflüge sind keine Bereicherung; weder für Hochintelligente – der vereinsamt, noch für sein Umfeld. Die Gesellschaft in Europa, die dem Alkohol und den Drogen verfällt, weil es zu wenig Liebe, Zärtlichkeit, Verständnis und Menschlichkeit gibt. Zu wenig soziale Nähe. Sogar auf dem Grabstein stehen noch Rang und Titel. Eigentlich müsste es reichen, wenn auf dem Grabstein steht: „Er/Sie war ein Mensch im besten Sinne." Momentan habe ich das starke Gefühl, dass der Mensch seine Seele verkauft hat. Die Menschen stehen auf einer Entwicklungsstufe, in der das Ego das Wichtigste ist. Erziehung kann nicht bedeuten, leicht lenkbar, leicht nutzbar zu sein.

Bewusst werden ist ein wichtiger Punkt. Das Bewusstsein – die Bewusstseinsebene – muss erhöht werden. Wenn das Leben, für das sich jeder so anstrengt, darin besteht, die Miete und Lebenshaltungskosten zu bestreiten, dann ist das sehr traurig.
Wo ist das Höhere? Der höhere Sinn? Man muss es im Inneren suchen und sich entwickeln lassen. Von der Bewegung in die Stille; von der Stille in die Tiefe des Bewusstseins. Solange ich andere unbewusst oder bewusst bewundere, die ihre Erfolgsleiter ohne Rücksicht auf andere hochklettern, solange erfolgreich sein die höchste Prämisse ist, ohne darüber nachzudenken, wie dieser Mensch dahin gekommen ist, solange Ellbogentechnik, das Ausnutzen von Schwächeren, das Unterdrücken oder Wegnehmen geduldete Praxis sind, solange das Wie nicht berücksichtigt wird, wird diese Welt keine bessere werden. Die Hauptaufgabe des Menschen besteht in der Auseinandersetzung. Mittlerweile hat sich die Situation verschärft. Das Leben ist für viele zum Überlebenskampf geworden.

Gestern habe ich ein berührendes Interview mit Mo Trip gehört. Ein bekannter Rapper, der mich mit seinen ehrlichen Antworten über Liebe gestärkt hat. Es ist ganz selten, dass Menschen ihre Liebe ausdrücken. *Warum fällt es Menschen so schwer, schöne Gefühle auszudrücken?* Spiritualität: *Was ist das eigentlich?* Meine Gedanken sind schon oft um dieses Wort gekreist. Viel Verunsicherung herrscht vor.

Mir wird immer bewusster, dass es bereits viele Fingerzeige des Universums gegeben hätte. Ich erinnere mich an Menschen, die mir gesagt haben: „Du weißt so viel – hast bereits so viele Erkenntnisse" – das war mit ungefähr 20 Jahren, als ich nach Kanada gegangen bin. „Du bist intellektuell" – das fühlte sich wie eine Beleidigung an. Wenn mich Freundinnen um Rat fragten: „Du bist so weise." *Was sollte das eigentlich heißen?* Es hörte sich für mich an wie „Streber, Wichtigtuerin." Als weise, intellektuell, wissbegierig bezeichnet zu werden – das war eher beleidigend als erfreulich. *Liegt es an mir? Liegt es an der negativen Besetzung oder ist es negativ?* Ich konnte das nicht als positiv annehmen. Ich fand es komisch, fast ein bisschen peinlich, finde ich immer noch. *Warum nehme ich mich nicht einfach einmal ernst? Warum traue ich mich nicht, wie andere, meine wahren Gefühle auszusprechen?* Damals hätte ich meine Gefühle nicht ausdrücken können, weil ich sie nicht zuordnen konnte. Ich habe meinen Gefühlen nicht vertraut. Ich kannte sie gar nicht in voller Umfänglichkeit. Hatte sie komplett verdrängt. Ich erinnere mich an eine Zeit, in der ich mich ständig optimiert habe. Ständig aktiv und produktiv war. Mir Gedanken gemacht habe, wie ich noch schneller noch mehr Leistung bringen kann. Doch ein Gedanke hat mich plötzlich gestoppt. Der Geist braucht auch Leere, um frei zu sein, und sich entwickeln zu können. Dann kam dieses Gefühl, diese Frage: *Was machst du da?* Niemand will das. Setz dich hin, entspann dich mal. Ich habe gelernt, meinen Geist nicht durch Tun ruhig zustellen. Ich habe gelernt, zuzulassen, meinen Geist freizulassen. Zwar habe ich mich weiterhin immer mit etwas beschäftigt. Es hatte aber nicht mit Leistung oder Anerkennung suchen zu tun. Einfach Dinge, die mich interessiert oder Spaß gemacht haben.

Meine Wechselbeschwerden haben mich zum Nachdenken gebracht. Corona hat mir den Freiraum verschafft, um auch tatsächlich dranzubleiben. Meine Wallungen sind zu meinem Weckruf geworden. Es kommen Eingebungen in der Nacht. Wahrscheinlich würden sie einfach wieder im Alltag untergehen. Es wäre am nächsten Tag alles wieder „normal". Doch ich bin bereit und schreibe auf, was zu mir kommt.

Ich erinnere mich an meine große Angst. An diese Welt außerhalb meiner gelebten Realität. Früher war „esoterisch" etwas, das einen von der Realität entfernt. Damals hatte ich Angst, mich darin zu verlieren und das wäre auch passiert. Damals war ich nicht bereit. Ich hätte nichts richtig zuordnen können. Ich hätte nichts verstanden. Diese Realität, die nur für mich existiert, hätte mich verrückt gemacht. Ich fühlte mich unverstanden.

Niemand wüsste heute, dass so viele Menschen leiden, wenn niemand in Podcasts, auf Social Media oder anderen Kanälen darüber sprechen würde. Hier finden sich die Menschen, „die gleich ticken" und merken: Viele denken und fühlen gleich wie ich. Endlich bin ich nicht mehr allein. Ein wunderbares Gefühl. Es hat so viel Energie gebraucht, mein wahres Selbst bedeckt zu halten. Ich erinnere mich, dass ich den Mut aufgebracht habe, zu sagen: „Ich möchte einfach so sein, wie ich bin." Einfach sagen dürfen, was ich denke, ohne das Gefühl zu haben, dafür schief angesehen zu werden. Das Gefühl, nicht richtig, nicht „normal" zu sein. Dieses starke Bedürfnis, gleich zu sein, dazuzugehören. Was meistens sowieso nur das eigene einschränkende Denken spiegelt. Ein starkes Selbst zu haben, selbstbewusst zu sein, ist nicht so einfach, wenn man in der Gesellschaft bestehen will. So bleibt man lieber allein mit seinen tieferen Gedanken und Gefühlen.

Sich ständig unverstanden zu fühlen, macht klein und traurig. Manchmal machen mir meine Gedanken Angst.

Es sind überhöhte Gedanken, Gedanken, die mich als Träumerin entlarven. Träume über eine schönere, bessere Welt. Gedanken, die ganz anders sind als die der anderen. Die negative Beurteilung meiner Denkweise hat mir mein Vertrauen in mich genommen. Jetzt akzeptiere ich mein anders denken.

Leicht passiert es, dass man abgestempelt, als dumm oder komisch angesehen wird, stigmatisiert wird für das Anderssein.

Das ist gefährlich, dafür kann man getötet werden. Man gehört nicht mehr dazu. Das ist kein schönes Gefühl. Einfach so zu sein, wie man ist, ist somit eine schwierige Aufgabe geworden. Mein Vertrauen in meine Gedanken und Gefühle war sehr schwach.

Mein Umfeld hat starken Einfluss auf mich, wenn ich nicht stark genug bin. Unglaublich, dass es so schwer ist, zu sich selbst zu stehen.

Verstanden werden – das ist der Punkt –, das macht dieses wohlige Gefühl, geborgen und daheim zu sein. Sich daheim zu fühlen, dazu braucht es auch Öffnung. Vielleicht kommt jetzt das Zeitalter des Verstehens – weich sein zu dürfen, ohne schwach zu sein. Schwächen haben dürfen – weg von diesem furchtbaren Perfektionismus. Schneller, größer, weiter, besser, das macht krank. Die Schule, die erzieht, während sie die innere Welt eines Kindes vernachlässigt. Alles Äußere, Oberflächliche zum Wahren zu erheben, nur Sichtbares anzuerkennen, ist eine Einschränkung des Lebens. Spiritualität hat in der Gesellschaft keinen Platz gefunden. Jetzt stellt sich heraus, dass sie dem Menschen fehlt. Mir fehlt Spiritualität.

Die Zeichen stehen auf Rückzug. Es ist schwer, eine Menschheit auszuhalten, die keine menschlichen Werte mehr pflegt. Es war ein schönes Erlebnis, wie zärtlich diese Orang-Utans auf Borneo miteinander umgegangen sind. Diese Tiere waren „menschlicher" als viele Menschen. So traurig sieht die Welt heute aus, so weit haben wir uns von uns selbst entfernt. Kriege ruinieren so vieles. Ego und Macht steigen auf in ungeahnte Höhen, bis zum Ruin der Menschlichkeit, der Seele, der Liebe, alles Schönen und Feinen. Es gibt Menschen die aufrütteln. Sie unterstützen mich und ich bin sehr dankbar dafür. „Trau dich wieder, du selbst zu sein." Ein starkes Vorhaben. Ich arbeite daran. Alles, was ich selbst gesucht habe, versuche ich anderen zu geben, um ihnen zu helfen, Frieden und Harmonie in sich und in der Welt zu erschaffen. Mein Vertrauen in mich selbst schafft etwas Großartiges. Es nimmt mir die Angst. Die Angst vor dem Ungewissen und dem Unsichtbaren. Das Vertrauen ist ganz groß. Im leichten, luftigen Kleid umfängt mich ihre Kraft. Im Vertrauen zu sein fühlt sich wunderbar an. Verstanden und akzeptiert als die, die ich wirklich bin.

In Frieden sein. Der tiefe Wunsch nach Frieden ist das vorrangige Gefühl. Jeder Mensch sucht Frieden. Der unruhige Geist lässt immer weniger Frieden zu. Er ist der Unruhestifter.

In jedem Menschen liegt das Bedürfnis nach Führung. *Von wem kann man sich heute noch führen lassen?* Für mich liegt die beste Führung in der Selbstführung. Eine Sehnsucht nach einer übergeordneten Ordnung ist natürlich. Ich erfülle diese Sehnsucht mit der universellen Ordnung. Eine höhere Macht, die einen auf den richtigen Weg führt. Ich erkenne diese Verbindung mit dem Universum an.

Selbstfindung und Persönlichkeitsentwicklung sind zu einem großen Thema herangewachsen. Immer mehr erkenne ich, dass mich mein Umfeld, in erster Linie mein Mann, unterstützt hat, mich einzufügen. Ich war sehr in meiner eigenen Welt und wäre da wahrscheinlich auch auf ewig geblieben, hätte ich nicht dauernd einen Anstoß bekommen. Diese vielen Menschen, mit denen ich durch meinen Beruf konfrontiert war, haben mich herausgefordert. Meine Zurückhaltung hat mich beschützt, mich in Balance gehalten, um nicht zu kippen. Nicht zu viel von mir selbst zu sein.

Leben in der bestehenden Realität. Funktionieren in der Gesellschaft ist absolut wichtig. Es gibt mir die Sicherheit, die das Fundament darstellt. Ich bin gefestigt und fühle mich so sicher in meinem Umfeld, dass ich bereit bin, mich weiter zu öffnen. Spiritualität, diese innere Welt, ist so abstrakt in meinem Kopf wie viele andere Welten auch. Viele Menschen setzen Spiritualität mit Aberglauben oder einer Sekte gleich. Für mich ist es die Verbindung mit dem Universum. Die Verbindung ist offensichtlich. Spiritualität ist die Auseinandersetzung mit diesem breiten Feld.

Es regnet schon einige Tage. Das hilft mir, dranzubleiben. Ich schreibe fast jeden Tag. Kleine Lebenshilfen, kleine Schritte, kleine Erkenntnisse durch Zitate oder Geschichten anderer Menschen nehme ich auf. Ich stelle mich da hin, wo ich glaube hinzugehören. Manche Gedanken nehme ich auf, manche Gedanken lasse ich los. Alltag geschieht. Ich stehe in der Nacht auf und schreibe auf, was mich bewegt.

Die Vorstellung, dass Menschen ihre Gefühlswelt nur kontrolliert ausleben können, erschreckt mich. Sobald große Gefühle da sind, werden Tabletten verschrieben. Viele wollen lieber Tabletten nehmen, als aus der Rolle zu fallen. Stirbt jemand, werden Tabletten verschrieben, um diese Gefühle auszuhalten. Stehen schwierige Prüfungen bevor, werden Equalizer eingenommen, um Prüfungsängste im Griff zu haben. Kinder, die sich gerne bewegen, sind hyperaktiv. Frauen, die leiden, an der Liebe oder an der Unaufmerksamkeit, sind hysterisch. Männer, die weinen, sind Schwächlinge. Aber wie langweilig, traurig ist diese Welt ohne die Vielfalt der Gefühle. Tränen, die reinigen. Umarmungen, die trösten. Offenbarungen, die glücklich machen. Das ganze Versteckspiel nur wegen dieser großen Angst vor Gefühlen und deren Verletzungen.

Heute Morgen hatte ich dieses Gefühl, eine Heilerin zu sein. Worte können so viel verfälschen. Ich hatte Hemmungen, das hinzuschreiben. Um jemanden in den Arm zu nehmen, braucht man nur da zu sein. Diese Wärme und Liebe von mir zum anderen übertragen. Damit den anderen heilen. Durch diese Energie aus mir heraus. Schlechte Gefühle durch gute Gefühle heilen. Dazu brauche ich keine Tabletten. Der Leidende fühlt sich gleich besser und gestärkt. Es ist so unglaublich. Wenn ich den Gedanken habe, erscheint er im ersten Moment so anmaßend. *Wie kann ich auf so dumme Gedanken kommen?* Dann schreibe ich diesen Gedanken einfach auf. Anfangs mit Widerwillen, dann mit Verwunderung, wie richtig dieser Gedanke eigentlich ist und wie lange ich diesen Gedanken schon in mir trage, ewig. Ja, ewig. Ich erinnere mich genau daran, als ich als Kind schon diese Empfindung hatte: *Warum gebt ihr nicht einfach Liebe?* Über allem steht die Liebe. Ohne Liebe keine Zufriedenheit, keine innere Freiheit. Ohne Liebe ist Leere – ja, vielleicht sogar Todessehnsucht.

Tatsächlich habe ich diese Gedanken durch die Auseinandersetzung mit dem Buch „Malina" von Ingeborg Bachmann wieder erweckt. Dieses Gefühl der totalen Trostlosigkeit während des Lesens. Ich habe einen Menschen gesehen, der alle Lebensfreude, Sinn und Lust verloren hat.

Tiefe, tiefste Traurigkeit und keine Liebe in jeglicher Form. Leben ohne Liebe macht supertraurig, führt zu Kriegen und Machtmissbrauch. Ich erkenne, dass ich lese, um Parallelen, Lösungen zu finden. Diese Frau hatte unglaublich verwirrte Gedanken – genau das macht sie so interessant. Wie furchtbar muss dieses Leben mit diesen Gedanken sein. Genau darin sehe ich den Ansatz. *Ist nicht jeder auf der Suche nach Hilfe für ein gutes Leben? Wollte sie selbst ihre Verwirrtheit loswerden? Warum mache ich mich auf in die Tiefen der Gedanken bis zur Seele?* Literatur soll aufschließen, anregen, den Geist beflügeln wie eine Droge. Gefühle auslösen, um sich selbst näher zukommen. Um andere Welten zu erschließen. Bei dieser komplizierten Literatur von Thomas Bernhard, Ingeborg Bachmann, Elfriede Jelinek interessiert mich die Person selbst. Die Frage beschäftigt mich: *Wer/was ist das, was der/die mir eigentlich wirklich sagen will?* Vielleicht hätten diese Menschen auch Hilfe gebraucht, um in ihre eigenen Gedanken Klarheit zu bringen.

Das Interessante löst sich auf, wenn ich das Leiden dieser Menschen sehe. Diese Literatur zieht mich in die Tiefe, macht furchtbar schlechte Gefühle, vermittelt mir Leiden. Ihr Leiden überträgt sich direkt auf meine Gefühle. Die Frage stellt sich: *Muss ich das erleben?* Ja, wenn ich mich selbst noch nicht erkannt habe. Es hilft, mein eigenes Leiden, meine Traurigkeit zu erkennen. Ich habe dann immer das starke Bedürfnis, mich wieder zu befreien. Mein Herz, mein Leben mit positiven Gedanken zu füllen, denn das Leben ist tatsächlich zu kurz, um so lange in so belastenden Szenarien zu verharren.

Das Leben – Erzählungen über das Leben von anderen. Lieben, Gemeinsamkeiten, Identifizierungen mit Menschen und Figuren. Sich selbst wieder erkennen in Geschichten und Filmen. Gefühle auslösen wollen. Es erscheint mir oft, als würden Gefühle in dieser großen Palette im Leben nicht mehr vorkommen. Ausleben von Gefühlen ist im geschützten Bereich, vor dem Fernseher oder mit einem Buch, sicher. Bei dieser komplizierten Literatur spielt dieser Umstand, dass diese Menschen selbst ein Mysterium mit sich herumtragen, eine große Rolle. Kindheitserlebnisse oder andere tiefgreifende Erlebnisse, die diese Menschen verarbeiten. Es wäre interessant, ob sie sich selbst dessen bewusst waren/sind. Eine verlorene Seele versteckt sich hinter tausend Masken. Hintergründig und spannend. Wenn ich an diese Zeit denke, in der Ingeborg Bachmann aufgewachsen ist: Erster Weltkrieg, 1929 schwere Wirtschaftskrise und dann wieder Kriegs- und Nachkriegszeit. Wenn ich daran denke, stellen sich schon negative Gefühle ein. Frausein war in dieser Zeit – 1926–1973 – sicher nicht einfach.

Der Versuch, Verbindungen zu spontanen Einfällen herzustellen. Verbindungen, die mir mein Denken erklären sollen, verwirren mich manchmal zuerst. Nachdem ich sie aufschreibe, offenbaren sich dahinter tiefere Gedankenmuster.

Liebe ist die tiefste Sehnsucht eines jeden Menschen. Das beweisen Stars, die scheinbar alles haben und sich trotzdem oft unglaublich leer fühlen. Diese, sich über alles stülpende Leere und Traurigkeit. *Wo kommt sie her?*

Nähe und Wärme sind überall Mangelware und oft folgen Drogen, um diese Leere wegzubekommen: Exzesse, Verrohung, Flucht vor dem Fühlen. Die Leere nicht fühlen wollen. Alles

Überhöhungen, um die Angst vor der Leere/Einsamkeit nicht fühlen zu müssen. Nicht verstehen können: *Warum fühle ich mich so, ich habe doch alles? Ich verstehe mich selbst nicht mehr. Was ist bloß los mit mir?* Ich habe diese Leere zugelassen. Bin mit mir allein geblieben. Erst durch Rückzug habe ich die Fülle in mir entdeckt. Erst durch Alleinsein musste ich mich mit mir auseinandersetzen. Wir haben uns wahnsinnig weit von uns selbst entfernt und suchen und suchen, laufen und laufen, anstatt uns hinzusetzen. Ruhe zu finden – Frieden.

Ohne Liebe und Wärme gibt es nur eine Konsequenz – den Tod. Das ist die Kernaussage von „Malina". Es war Mord, was ja auch stimmt, denn es wurde ihr die Liebe verweigert. Sie kannte das Gefühl der Wertlosigkeit. Ich sehe Menschen auf der verzweifelten Suche. Vor allem sensible Menschen leiden durch ihr hohes Liebespotenzial. Dieses Unverständnis von außen und von innen ergibt nie Sinn und macht verzweifelt. Es ist gar nicht so schwer, Ingeborg Bachmann zu verstehen. Es braucht keine Zerstückelung jedes Wortes. Es ist ganz einfach, wie das ganze Leben ganz einfach ist: Ohne Liebe kein Glück.

Wenn jemand wie Ingeborg Bachmann, ein Mensch mit solchen Tiefgängen, keine Antworten bekommt, führt das in die Verzweiflung, in die Lebensunfähigkeit und schlussendlich in den Tod. Eine zutiefst unglückliche Frau. *Was nützen mir hochtrabende Gedichte ohne eine echte Verbindung zum Leben?* Ohne einen Menschen an der Seite, der einen trägt. Ohne einem tragbaren Selbstverständnis.

Wenn ich überlege, wie viel über Liebe geschrieben wurde. Nicht umsonst, denn sie ist der Kern, der Ursprung. Manche verwechseln diese Gefühle mit dem Ego, das sehr gepflegt wird. Das kann jedoch niemals zur „Befreiung", zur Erfüllung der tiefsten Sehnsucht führen. Ein vernünftig denkender Mensch ist sehr oft gefangen in der Idee, dieses Problem vernünftig, denkend lösen zu können, was nicht möglich ist. Man kann die Worte verdrehen und hin- und herschieben, wie man will – der Kern der Sache ist immer unerfüllte Liebe.

Wenig Zuwendung ist zwar oft förderlich für manch steile Karriere, schließlich ist man sehr schnell unterwegs, wenn man nicht durch Rücksichtnahme auf andere gebremst wird. Man schreitet voran zu seinem vermeintlichen Glück – so schnell wie möglich, um oben zu sein. *Aber was macht man oben?* Da sitzt man dann, einsam und ohne Nähe – Nähe, Beziehung –, die man nie geschaffen hat, wofür nie Zeit war. Man sucht weiter, doch es gibt keine Befriedigung durch Exzesse und Drogen. Konsum/Ego, alles totes Glück. Lebendiges Glück ist die Liebe, die über Zärtlichkeit, Berührung, Nähe aus tiefsten Herzen kommt. Das Glück, das einen zum Weinen bringt. Das Glück ist in mir. Die Liebe bin ich selbst, erweckt durch Selbstliebe.

Immer mehr komme ich zu der Erkenntnis, dass das Wissen in mir ist. Ich muss es nur herauslassen. Vertrauen und loslassen. Es fühlt sich an wie eine Befreiung, all die Gefühle zuzulassen. Ohne Bewertung und dadurch klar zu sehen, dass alles daran richtig ist. Ich finde Bestätigungen in wissenschaftlichen Ergebnissen, in Menschen, die bereits Kapital aus diesem Wissen schlagen. Online-Portale, die Wissensvermittlung durch Masterclasses anbieten, von Menschen, von denen ich noch nie gehört habe, die aber weltweit anerkannte Koryphäen sind. Durch das World Wide Web sind wir alle bestens verbunden. Weiterentwicklung ist im Wohnzimmer möglich. Mit Kopfhörern und viel Ruhe habe ich mir Notizen gemacht, um nicht wieder zu vergessen. Nachts habe ich Informationen verarbeitet und morgens habe ich geschrieben.

Ich folge meinem mir bestimmten Weg. Die Freude am Vorwärtsgehen ist das vorherrschende Gefühl. Empfinden großer Lebensfreude beim Schreiben spornt mich an, weiterzumachen. Ich habe gerade das tiefe Gefühl, mich selbst zu finden. Selbstfindung ist wunderbar. Allerdings fühle ich diese große

Gefahr, mich in mir selbst zu verlieren. Ich habe Angst, mich zu verlieren, mich in meinen ausufernden Gedanken zu verlieren. Die Erdung zu verlieren. Diese großartigen Gefühle nicht mehr vermissen zu wollen. Nicht mehr zurückkommen zu wollen in diese „normale" Welt. Klarheit im Innen und im Außen unterstützt mich. Aufschreiben unterstützt mich.

Glück empfinden in völliger Sicherheit vor Verletzung stärkt mein Selbstbewusstsein. Zerrissenheit und Zweifel lösen sich auf. Die Gleichberechtigung von Herz und Verstand lässt mein drittes Auge aktiv werden. Der analytische Geist bekommt nicht die Oberhand. Die Vernunft steht nicht über allem. Das Herz darf ganz und gar fühlen mit der Sicherheit eines gesunden Geistes im Hintergrund. Ich sehe meinen Weg und hoffe, es ist ein guter Weg. Ich möchte ihn nicht mehr verlieren, denn er macht mich glücklich und traurig – lebendig. Es gab viele Hürden in meinem Leben, die mich immer wieder gezwungen haben, mich mit mir selbst auseinanderzusetzen. Jetzt erkenne ich, wie weit ich von mir entfernt war. Langsam nähere ich mich wieder an und erkenne meine wahre Größe.

Viele Gedanken und Gefühle mussten verdrängt werden, um akzeptiert zu werden. Sehr viel „Härte" gegen mich selbst musste aufgebaut werden – Schwäche gab es nur im Stillen. Mein Herz war in Gefahr und musste beschützt werden, um nicht verletzt zu werden. Viel Bestätigung habe ich in den Podcasts gefunden. Mir das Vertrauen zurück gegeben, dass es richtig ist, woran ich glaube.

Ich gehe einfach weiter meinen Weg, ohne das Ende klar zu sehen. Wenn ich keine Entscheidungen treffe, treffen andere die Entscheidungen für mein Leben. *Warum sollte ich das zulassen?* Ich wurde so geschaffen, wie ich bin. Es gibt eine gewisse Überzeugung, dass es gut ist, so wie ich bin. *Warum sollte das Bild, das ich mit meinem Leben erschaffe, nicht die Farben bekommen, die mir gefallen? Warum sollte jemand anders die Farben meines Lebens aussuchen?* Ich bin der Erschaffer meines Lebens und ich erschaffe es in meinen Farben. Ein sehr gutes „Mantra" – Inspiration. Eigentlich tue ich das schon ganz lange, fast andauernd. Immer wieder nehme ich mir Neues vor, überwinde meine Ängste und gebe all mein Herzblut hinein.

Es ist eine Ermutigung, sich mehr zuzutrauen, größer zu träumen als man sich das bis dahin erlaubt hat. Tatsächlich träumt man meist zu klein. Vieles ist möglich. Positives und Negatives. Siehe Corona – *wer hätte gedacht, dass die Welt einfach stillstehen kann?*

Ich habe mir gerade einen totalen Motivationsschub geholt, durch den Podcast „Wie du nicht schon vorher wissen musst, wie alles funktioniert". Ein wichtiger Schlüssel auf meinem Weg.

Wer will ich sein? Wer bin ich? Ich versuche durch Reflexion meines Lebens, mir selbst näher zu kommen. Es gibt tatsächlich viele, viele Dinge und Wünsche, die ich mir erfüllt habe. Entscheidungen, die mich irrsinnig gefordert haben. Entscheidungen, die ganz, ganz viele Ängste in mir wach werden ließen und trotz allem bin ich nach Kanada gegangen, habe Klavier spielen gelernt und viele andere Herausforderungen gemeistert. Meine Hemmschwelle beim Klavier spielen war so groß – ich habe gezittert und mich geschämt. *Aber wofür?* Dieses Gefühl, dass alle sehen, dass ich es nicht kann. Was ich tatsächlich von mir geglaubt habe. Ich habe einfach ganz tief in mir geglaubt, dass ich eigentlich nichts weiß und nichts kann. Ich hatte das Gefühl, dass plötzlich jemand auf mich zeigen und sagen könnte: „Sie kann's ja gar nicht." So wahr es ist, so unglaublich ist es.

Sich im Nachhinein vorzustellen, wie eine negative Einstellung zu sich selbst so prägend, so einschränkend sein kann. Ich habe mir selbst nicht vertraut. Ich hatte kein großes Selbstvertrauen. Über die Jahre ist es gewachsen. Momentan fühle ich mich richtig frei. Frei für eine großartige Zukunft. Ein Gefühl, das sich so vollständig anfühlt. Einfach so zu sein, wie ich bin. Meine

Wahrheit leben zu dürfen. Ein unglaublich befreiendes Gefühl. Ein öffnendes Gefühl.

Die Tage vergehen gemächlich während Corona. Fast nichts zu tun. Ich halte an meinem Rhythmus fest: Wandern, Yoga, Klavier, Meditationen, Masterclasses…ich fühle mich beschäftigt und empfinde wenig Langeweile. Ich versuche, eine Idee für mein weiteres Leben, einen Schwerpunkt, neue Ziele zu finden, indem ich tue, was ich gerne tue. Ich bleibe in Bewegung. Mache Schritt für Schritt.

Eine Komponente kommt noch zu kurz. Das Fühlen und sich Spüren. Alles, was ich mache, ist eine wunderbare Beschäftigung. Tun ist Lernen oder Leistung. Aber Fühlen ist Spüren, Berührung, Wahrnehmen, Stille und Tiefe. Erst durch Gefühle und Emotionen verbinde ich mich mehr mit mir selbst.

Alles andere ist im Kopf und fühlt sich angelernt an. Das Herz ist der Sitz der Gefühle und der Ehrlichkeit – nicht so einfach manipulierbar, direkter, intensiver. Eine Symbolik mit der Faust kommt mir in den Sinn. Wenn man etwas geschafft hat, eine Faust zu visualisieren, worin Licht – goldenes, weißes Licht – ist, das man sich jederzeit holen kann, wenn man diese Stärke braucht. Es funktioniert und gibt tatsächlich Kraft. Gedanken sind mächtig, unglaublich mächtig. Man sollte sie nicht gegen sich selbst einsetzen, sondern für einen arbeiten lassen.

Die Erkenntnis, dass man mit seinen Gedanken Realität erschafft, nutze ich für mich. Durch gezielte Lenkung der Gedanken ist es möglich, die Realität zu verändern. Mit Gedanken kann man arbeiten. Dieses Wissen macht mich stark. Gefühle kommen und lassen sich nicht so leicht bestimmen – sie kommen und man muss sie erst erkennen. *Welches Gefühl habe ich eigentlich? Wut, Trauer, Einsamkeit?* Doch leider haben wir gelernt, Gefühle zu verdrängen – sie nicht zu zeigen – das macht es sehr schwierig, die eigenen Gefühle klar zu erkennen. Erkennen der Gefühle, wo ich sie im Körper spüre, wie ich sie beschreiben soll. Nicht so einfach für mich. Gefühle wie Zärtlichkeit oder Liebe. Aber ohne echte Gefühle gibt es auch sehr viel Leere und das ist gar kein gutes Gefühl.

Wer will ich sein? – Ein Mensch mit Herz und Verstand. Liebe spüren. Erfüllt sein. Dinge und Aufgaben erfüllen, die mich erfüllen. Ein Mensch, der sagt, was er denkt und fühlt. Umgeben von anderen denkenden, fühlenden Menschen. Einstehen für meine Sache, meine Entscheidungen, meine Ideen – einstehen für mich selbst. Weiterentwicklung meines Selbst, meines Herzens, das wahre Selbst entdecken und entfalten. Gefühle der Richtigkeit und Wahrhaftigkeit in mir verankern.

Öffnung, ein Mehr an Fülle.
- Der erste Schritt scheint mir Öffnung zu sein.
- Wenn ich mich traue, mich zu öffnen, traut sich vielleicht auch ein anderer oder eine andere, sich zu öffnen und zu merken, wie schön es ist, nicht so kontrolliert sein zu müssen. Nicht perfekt sein zu müssen. Fehler machen zu dürfen. Die Angst vor Verletzung ist so stark, aber ich weiß, dass ich es aushalte und es mich weiterbringt auf meinem Weg der Gefühle.

Meine Entscheidung los zu gehen, hat viele Dinge zu mir gebracht, die mich unterstützen, meinen Weg zu gehen.
- Dankbarkeit – schon seit einiger Zeit fühle ich mich so dankbar für mein gelungenes Leben, für die wunderbare Natur – es erfüllt mich.
- Sehen mit Liebe – war irgendwie immer schon in mir. Immer schon habe ich daran geglaubt, dass der Mensch im tiefsten Inneren gut ist – jedes Kind unschuldig ist.
- Vertrauen, tiefes Vertrauen, dass eben vieles passiert, das einen verletzt. Trotzdem kann man daraus hervortreten und weitergehen.
- Das Wort segnen hat mich beschäftigt. Segnen löst ein tiefes Gefühl in mir aus. Alles ist wertvoll und soll gesegnet sein. Jeder Mensch, jedes Lebewesen, jeder Stein.

Wenn Entscheidungen wieder mit dem Herzen getroffen werden, gibt es richtige Entscheidungen. Entscheidungen, die die Welt glücklicher, friedlicher, zufriedener machen. Keine Ego-Entscheidungen, die ständig nur vorwärts, vorwärts und immer mehr wollen. Wissen, was man will – Ziele definieren: *Was treibt den Menschen so an?* Ich bin ja total zufrieden. *Ist es also die Sehnsucht nach Beschäftigung des Gehirns, wenn man plötzlich so viel Zeit hat?* Das Gehirn braucht Beschäftigung – es ist sein Job. Schlau ist es, dem Verstand mit einer neuen Vision Futter zu geben, eine Richtung zu geben, womit der Geist sich beschäftigen kann. Sonst kreist er ja immer um sich selbst, das macht tatsächlich verrückt. Meine Erkenntnis daraus ist: Der Geist braucht eine Vision, um ein Ziel anzustreben. Der Geist will nicht sinnlos herum denken. Das ist, als würde man ständig auf „Suchen" im Programm drücken, ohne einen Suchbegriff einzugeben. Es kommt einfach nichts dabei heraus. Das Gehirn braucht eine Aufgabe, eine Beschäftigung. Das zeigt sich auch im Pensionsschock. Keine neue Perspektive. Arbeiten, „nur" um ein gutes Leben zu führen ist kein Argument mehr. Es wurden keine neuen Ziele definiert. Keine Entscheidungen getroffen. Kein Suchbegriff eingegeben. Das Gehirn ist unterfordert und dreht sich im Kreis. Das Gefühl der Nutzlosigkeit ist belastend. Manche Menschen flüchten in Krankheit, Depression …

Meine Entscheidung für das Jahr 2020 ist Persönlichkeitsentwicklung. Ich merke, dass diese Entwicklung geschieht, während ich mich bewege – mein normales Leben führe.

Ich gehe in die Richtung des Buches, währenddessen schreibe ich alles auf, was geschieht. Analysieren meiner Gedankenwelt. Ich denke, es ist grundsätzlich egal, womit man sich beschäftigt, solange es einen interessiert. Allerdings ist es sinnvoll, ein Ziel anzupeilen. Das Ziel ist mein Buch. Der Weg ist gefüllt mit Sammeln von Material – Interviews und Masterclasses zu Themen, die mich interessieren. Themen aus den Büchern, die ich währenddessen lese, werden zu Helfern. Ich versuche, Verbindungen zu finden, die mich betreffen. Ich versuche, Worte zu finden, um mich zu erklären. Mich mir selbst zu erklären – welche Gedanken und Gefühle mich leiten. Mich selbst besser verstehen zu lernen. Verständnis durch Annäherung zu erlangen. Ich arbeite daran, mich besser kennenzulernen. Meine Gedanken und Gefühle sagen mir deutlich, wer ich wirklich bin. Ich beobachte. Ich ermittle meinen Ist-Zustand, um verändern zu können, was ich verändern will.

Ein guter Vergleich scheint mir ein Computerprogramm zu sein. Wenn man die Logik eines Programms, die Programmiersprache, nicht versteht, kann man auch nicht folgen. Es ist wie ein totales Chaos von Zahlen und Buchstaben, die nur ein Programmierer verstehen kann. So stellt sich wohl auch der Geist eines hochintelligenten Menschen dar – total verwirrend und verrückt. Wie die Anordnung von Kristallen einer Eisblume am Fenster – wunderschön, aber ohne Anordnung chaotisch und ein einziges Durcheinander. Dieses Durcheinander sehe ich im Kopf von Ingeborg Bachmann. Hochintelligent und einsam, unverstanden als Mensch. Die Faszination ihrer Lyrik war da. Ihre Wortverdichtungen sind für die meisten Menschen unverständlich. Sie lösen Gefühle aus und bewegen, sind aber schwer zuzuordnen. Ihr Selbstbewusstsein war scheinbar nicht sehr ausgeprägt. Ihr einziger echter Gesprächspartner, dem sie sich anvertraute, war wohl „Malina" – ihre innere Stimme. Zwischenzeitlich habe ich mit diesem Buch gehadert: *Warum lese ich Bücher, die mir so schlechte Gefühle machen? Wozu?* Jetzt hat sich herausgestellt, dass diese Auseinandersetzung mich meiner Gedankenwelt näher bringt. Manchmal denke ich sogar, ich habe mir lange Zeit das Denken verboten. Mir nur erlaubt zu denken, wo ich mir sicher war, unauffällig zu bleiben.

Was war wohl alles in ihrem Leben geschehen? Was war das Unaussprechliche, das in normalen Worten nicht Fassbare, das Unvermittelbare – das wäre interessant gewesen. In der Nachkriegszeit durfte vieles nicht ausgesprochen werden und irgendwann konnte sie auch nicht mehr weiterschreiben, ohne sich zu verraten, die Wahrheit preiszugeben. Bis sie selbst zum Tod hinsteuerte, keinen Sinn mehr sehen konnte.

Verletzte Seelen aus dieser Zeit sind die Spiegel der jetzigen Zeit. Diese Kriegskinder, die das Schreiben benutzt haben, um sich zu befreien. Gleichzeitig die Tatsache, nicht aufschreiben können, nur verschlüsselt. Entweder war es ihnen gar nicht richtig bewusst oder die Wahrheit hat zu sehr wehgetan, um sie aufzuschreiben. Schuldempfinden oder Glaubenssätze, die es unmöglich machten, darüber zu sprechen oder zu schreiben. Ich erinnere mich an eine Aussage: *„Gute Literaten müssen gelitten haben."* Das verstehe ich sehr gut. Niemand kann Gefühle besser beschreiben als jener, der sie bis in die tiefsten Tiefen selbst erlebt hat. Diese riesengroße Angst, sich selbst preiszugeben, kommt dem kleinen Tod sehr nahe. Verunglimpfungen ausgeliefert, falschen Interpretationen. Das kann tatsächlich das Innerste töten – die innere Welt zerstören. Somit eine natürliche Entfaltung verhindern. Einschränkungen und Limitierungen bestimmen dieses Leben.

Der Schriftsteller Peter Handke schreibt über den Selbstmord seiner Mutter. Eine Gedankenwelt, die schwer vorstellbar ist. Einsamkeit ist inneres Sterben, das das äußere Sterben herbeisehnt. Die einfache Logik eines vernachlässigten und gefühlsverwahrlosten Menschen. Diese Flucht in eine andere Realität oder Vorstellung habe ich auch bei Max Frisch herausgelesen, auch er hat sich damit befasst. All diese Bücher fließen in meine Überlegungen ein. Für mich ist dies der Versuch, menschliches Verhalten besser zu verstehen. Ich weiß, dass ich anders denke als viele. Das macht das Leben nicht einfacher. Vielleicht denke ich aber nicht falsch, sondern einfach anders, weil ich die Welt mit anderen Augen sehe. Ich verstehe, dass mein Denken meine Wirklichkeit erschafft. Mein Denken habe ich aber nicht richtig zugelassen, aus Angst vor Veränderung. Angst vor Anderssein. Angst vor Verrücktheit.

Frans de Waal schreibt über Verhaltensforschung bei Primaten, vorwiegend über Bonobos, die dem Menschen am ähnlichsten sind. Für mich ergibt sich eine interessante Verknüpfung. *Ist die psychologische Verfassung des Menschen immer noch die eines Primaten?* Für mich war es eine Bestätigung meiner Gefühle, die ich in Borneo hatte. Diese unglaubliche Wärme und Zärtlichkeit, die von diesen Tieren ausgeht. Spätestens jetzt könnte ich kein Tier mehr essen. Diese kleinen Entscheidungen, die dann doch so viel bewirken. Dieses Buch hat mir viel gesagt, über menschliche Entwicklung, menschliche Verhaltensweisen.

Jeden Tag gibt es etwas Neues, was mich inspiriert: Ein Interview, ein Podcast, ein Kongress, ein Buch, eine Geschichte, mein Gegenüber. All das sammelt sich in mir und läßt Neues entstehen. *Wo kommt das Wissen her?* ist somit nicht so leicht zu entschlüsseln.

Viel Mut konnte ich daraus ableiten. Meiner Inspiration zu folgen ist nicht immer leicht. Am ersten Tag ist man erfüllt von dieser Idee: Wie ein bisschen verliebt. „Am zweiten Tag denkt man: ‚Wie verrückt bin ich eigentlich?' und an Tag drei muss man sich entscheiden, ob man weiter zweifeln oder doch losgehen möchte."
Die Gefühle spielen manchmal verrückt, doch *was kann man wirklich verlieren?* Diese Idee, ein Buch zu schreiben, hat mich schon so viel Neues in mir entdecken lassen. Ich könnte Tag und Nacht schreiben. Ich fühle mich so voll wie schon lange nicht mehr. Eine neue Welt hat sich aufgetan. Es ist wundervoll. Danke.

Ich habe jetzt schon so viel Freude an meiner neuen Aufgabe, obwohl ich noch gar nicht mache, was das eigentliche Ziel ist. Es ist jetzt schon supertoll. Es ist ein Gefühl, als würde ich eine Box öffnen, aus der es nicht mehr aufhört herauszusprudeln. Ich kann gar nicht alle Gedanken zu Ende denken, die auf mich einprasseln. Es ist das Heraus entwickeln aus einem Gefängnis der Anpassung und Limitierung.

Frauen sind Anpassungskünstlerinnen. *Vielleicht gibt es viele Frauen, die gleich denken wie ich? Vielleicht hat diese Denkweise gefehlt, um die Welt in Balance zu halten?* Die weibliche Seite – das Weibliche, sich kümmern zu wollen, die Bereitschaft, nachzugeben, um Frieden zu erhalten.

Ich freue mich auf diese Welle von neuen Ideen und neuen Sichtweisen. Die Welt wird eine Bessere sein. Das Ego wird weniger dominant sein. Auf allen Ebenen Mitstreiterinnen zu haben, wird die Frauenpower stärken. Männer können sich zurücklehnen. Endlich brauchen sie nicht mehr so stark sein. Sie dürfen Schwächen zeigen.

Wie ich das so schreibe, erinnere ich mich, dass ich als Kind immer gerne in die Kirche gegangen bin. Es hat mich tatsächlich erfüllt – vielleicht sogar gerettet. Da wurden Geschichten erzählt – etwas vermittelt. Vielleicht habe ich damals schon diesen Hang zur Spiritualität gespürt – ohne Worte dafür gehabt zu haben. Damals gab es keinen Widerstand. Es gab keine Vorurteile gegen die Kirche. Ich fühlte mich wohl und habe empfangen – ganz ohne Vorurteile gegen Kirche und Religion.

Lange Zeit habe ich Kirche und Religion in einen Topf geworfen – ich habe mich abgewandt. Heute verstehe ich Kirche als Vermittler von Religion. Religion hat keinen Beigeschmack mehr, seit ich die Führung nicht mehr mit der Religion selbst verwechsle.

Religionen gibt es in allen Kulturen. Religionen waren und sind ein Mittel, um dem Menschen ein Gefühl dafür zu geben, wo wir herkommen und wohin wir gehen. Naturvölker haben diese Verbindung noch tief gespürt. Menschen haben ihr Gefühl für die Natur verloren.

Religionen haben versucht, Menschen, die diese Verbindung zu einer höheren Macht nicht haben, mitzunehmen auf diese Reise. Kirchenoberhäupter, Heilige haben Dinge gesehen, die

Normalsterbliche nicht wahrnehmen konnten. Diesen Zugang habe ich immer gehabt. Als ich mich gegen die Kirche entschieden habe, habe ich mich unbewusst auch gegen Religion entschieden. Das fehlt mir. Eine übergeordnete Ordnung, die ich anerkennen kann. In der Spiritualität habe ich etwas gefunden, das mich erfüllt. Hier finde ich die schönen Worte, die ich vermisst habe.

Zuhause wurde viel politisiert – nicht über Gefühle gesprochen. Ich glaube, ich habe sehr lange einfach gar nichts gefühlt. Nichts zugelassen, mich versteckt und am liebsten war mir, wenn mich niemand ansprach, ich in Ruhe gelassen wurde. Oft hatte ich das Gefühl, dass ich störe, mich keiner wahrnimmt. Sicher wollte ich einfach nur in den Arm genommen werden, wenn es mir schlecht ging – aber das wusste ich nicht.

Es fühlte sich nach Pflichterfüllung, Funktionieren, nach großer Traurigkeit an. Ja, so fühlt sich Traurigkeit an, riesige Traurigkeit.
    Berührungsverwahrlosung – tote Gefühle, eingesperrte Gefühle. Angst vor Gefühlen, Angst vor Verletzung. Diese eingesperrten Gefühle wollen aber nicht eingesperrt bleiben, melden sich immer wieder durch mein Unterbewusstsein. Ich lasse sie heraus aus ihrem Gefängnis – zeige meine Anteilnahme, lasse sie zu, lasse sie los.

Werde ich mir dessen nicht bewusst, gibt es keine Erlösung. Kein wahrhaftes, bewusstes Ich, nichts Lebendiges – alles nur gelernt, funktionierende Masse. Ganz tief in mir habe ich immer gespürt, dass da so viel ist, so viel Liebe, so viel Freude, so viel mehr – doch zum „Überleben" musste ich so sein, wie ich gewünscht war, ich musste funktionieren. Eine große Traurigkeit befällt mich bei dieser Erkenntnis – ich könnte weinen. Weinen reinigt und so lasse ich mich gehen. Es ist zwar „spät", im Sinne von, es wäre schön gewesen, schon lange mit dieser Erkenntnis auf der Welt zu sein. Aber vielleicht ist das der Grund, warum ich schreibe. Vielleicht möchte ich, dass andere schon früher erkennen.

Der Weg bis hierher war spannend und hat mir viele, viele Erkenntnisse gebracht – gefühlte Erkenntnisse. Erkenntnisse, die oft sehr schmerzhaft waren, sogar körperlich. Als ich mit zwölf Jahren meinen Ringfinger verloren habe – ich habe diesen Augenblick noch immer in mir, dieses Erschrecken. Aber als wäre es weit von mir entfernt gewesen – keine direkten Gefühle, alles außerhalb von mir. Auch der Verlust des Fingers war eher mit Gedanken verbunden wie „Ich werde einen Verband machen, damit die anderen gar nicht sehen, dass der Finger weg ist" – also verstecken. Schmerzen hatte ich keine. Die Natur ist sehr unterstützend, Schock unterdrückt den Schmerz.

Viel tiefer war dieses Gefühl der Scham im Krankenhaus, als ich lächerlich gemacht wurde wegen meines Dialektes. Ich kam eben vom Land. Ich war zwölf Jahre alt. Ausgelacht werden, Verletzung, Demütigung und der Lächerlichkeit preisgegeben. Ich erinnere mich an Gespräche mit älteren Menschen, die mir von Demütigungen erzählt haben, die sechzig Jahre zurück liegen. Als sie davon erzählten, weinten sie, als wäre es gestern geschehen. Das hat mich tief betroffen gemacht. Lieblosigkeit, Demütigung ist ein großer Schmerz, den man gerne verdrängt.

Ist das Leben nicht zu kurz, um ewig der Vergangenheit anzuhaften?
Es braucht diese Klarheit, um weiterzugehen. Das Leben geht ja immer weiter und jetzt möchte ich mich selbst beschützen, auf mich achten.

Mich erfüllen mit Freude, mir erlauben, glücklich zu sein. Schritt für Schritt habe ich mich angenähert. Von außen nach innen. Jetzt bin ich schon ganz zufrieden mit mir und meinem Leben. Danke dafür, lieber Gott oder göttliches Universum. Das Leben ist ein Wunder, das habe ich schon vor langer Zeit verstanden. Aber irgendwie trennt einen das Leben, das man glaubt leben zu müssen – mit all seinen Pflichten – so sehr vom wahren, gefühlten Leben. Ich erinnere mich an eine Zeit, in der ich gedacht habe: „Ich stehe außerhalb, neben mir selbst und beobachte mich. Ich schaue mir selbst zu, damit ich alles richtig mache. Um in dieses Leben zu passen. Ich habe mich wunderbar angepasst, aber ich bin außerhalb meiner selbst geblieben."

Riesengroße Angst vor diesem Selbst – diesem anderen – wo gehört das hin, dieses beobachtende Wesen? All die Träume, die ich auch beobachtend erlebt habe. Ich konnte meine Träume ohne Probleme unterbrechen, wenn ich es nicht mehr ausgehalten habe. „Luzides Träumen" wird das genannt, das wusste ich nicht. Es bedeutet, dass ich mir während des Träumens bewusst bin, dass ich träume. *Wer bin ich?* Ich war nach Angaben meiner Eltern ein sehr ruhiges, ausgeglichenes Kind. Ich erinnere mich, immer tieftraurig gewesen zu sein, wenn jemand schlecht behandelt wurde. Meine Eltern beschreiben mich als pflegeleichtes Kind – das veranlasste sie dazu, mich eher zu „ignorieren". Das ist verständlich bei vier Kindern.

Irgendwann haben Erlebnisse, Kränkungen, Lieblosigkeit mich zu dieser Entscheidung gebracht: „Zieh dich zurück, vertraue nicht, offenbare deine Gefühle nicht so leichtfertig." Auch bei meiner Tochter hatte ich immer den Gedanken „Ich möchte, dass sie stärker ist als ich – mehr aushält –, um nicht verletzt zu werden." Aber das ist natürlich ein Trugschluss.

Wenn man danach lebt, stirbt man in sich selbst. Man ist zwar äußerlich geschützt, aber innerlich tot. Jede Verletzung lässt das Herz wachsen. Es entwickelt sich wahre Stärke. Lässt man sich erfolgreich nicht mehr verletzen, bleibt das Herz leer, wird gefühlskalt und kann nicht mehr wachsen. Ersatzbefriedigungen helfen über vieles hinweg, bleiben aber eben nur Ersatz. Weinen tut so gut. Es befreit meine Seele von einer Last. Nicht man selbst sein zu dürfen kann tatsächlich töten. Man bemerkt dieses Sterben nicht bis zu dem Punkt, an dem man sich nicht mehr verleugnen kann. Wenn man anfängt, Fragen zu stellen. Wenn man sich auf die Suche macht.

Was ist es? Was brauche ich? Warum bin ich? Wie oft habe ich einsam geweint – mich so unverstanden gefühlt. *Was ist nur los mit mir?* Keiner versteht mich. *Wie könnte mich auch jemand verstehen, wenn ich mich sogar vor mir selbst verstecke? Mich selbst nicht verstehe, mich verleugne?* Wenn die Frage immer lautet: „*Wie muss ich sein, um angenommen zu werden?*" und nicht „*Wer bin Ich?*"

Phänomene anderer Kulturen haben mich immer interessiert. *Wie ist es möglich, dass Menschen schmerzfrei auf einem Nagelbrett liegen können? Über Feuer gehen können?* Selbstheilungsrituale haben mich fasziniert. Ich habe Zitate und Weisheiten aufgeschrieben. Worte, die oft so viel Weisheit ausdrücken. So tiefe Empfindungen auslösen. Große Gefühle werden in der Literatur so verarbeitet, dass sie spürbar werden: Liebe bedeutet immer Dramatik. „Liebe macht letztendlich immer unglücklich" war wohl meine Schlussfolgerung. Wer will schon unglücklich sein? Doch was ist das Leben ohne Liebe? – Nichts.

Corona 2020, was für eine Veränderung. Das Leben mit Einschränkungen, Ausgangssperren und Mundschutz. Das ungewohnte Bild wird zur Gewohnheit. Einschränkungen, die mich persönlich zu Befreiungen geführt haben. Die Zeit frei zur Verfügung zu haben – es ist wunderbar.

ERKENNEN

Ganz viele Themen, die ich mir anhöre, habe ich genauso erlebt. Beschreibungen des Leidens, im Innersten, das endlich einen Namen und somit Klarheit bekommt. Das Thema „Hochsensibilität" – ja, da erkenne ich mich wieder. Immer anders zu ticken als die anderen und dadurch immer zu glauben, falsch zu sein. Tatsächlich bin ich einfach sensibler als viele. Spüre alles viel direkter, massiver – jede unangenehme Energie. Ich habe mir Tools angeeignet. Wege oder Werkzeuge wie Meditation, Klopftechniken. Beispiele und Bilder die mir helfen zu transformieren – Gefühle zu shiften.

Meine Stimme, die zu mir spricht ist jetzt so angenehm und so nahe, so beruhigend, als wäre sie meine beste Freundin. Gutes Zureden und Wertschätzung nur dafür, dass man einfach da ist, ohne irgendetwas erfüllen zu müssen. Zu erkennen, dass ich mir alles selbst geben kann, macht mich unabhängig.

Eine besondere Schwingung, eine besondere Energie, die mache Menschen transportieren hat mich zum Aufstehen gebracht. Nicht ihre Worte, sondern ihre Stimme, ihr Feingefühl, ihr Verständnis durch eigenes Erleben, haben mich berührt. Solche Menschen transportieren den Glauben und das Vertrauen in die eigene Kraft. Egal, was andere denken, sie gehen ihren Weg. Meine Bewunderung für ihren Einsatz gibt mir das Gefühl, dass es richtig ist, sich selbst nicht klein zu machen, sondern im Gegenteil, mir bewusst zu machen: Auch wenn ich eine Minderheit vertrete mit meiner Meinung, meinen Erfahrungen, soll ich sie aussprechen. Oft habe ich die Erfahrung gemacht, dass erst durch das Aufstehen Einzelner andere sich trauen, auch ihre ehrliche Meinung zu sagen. Erst dann outen sich die Menschen nach der Reihe.

Verschiedene Podcasts inspirieren mich. Manchmal erkenne ich mich in Geschichten, Lebensläufen, die ich toll finde. Umgesetzt von Menschen, die einfach viel mutiger waren als ich. Diesen Mut, diese Angst zu überwinden, die verhindert, ganz ich zu sein. Jetzt bin ich da. Ich arbeite daran, meine Ängste zu überwinden, indem ich alles aufschreibe, um mir bewusster zu werden. *Was ist es, das mich glauben lässt, nicht genug zu sein?*

Alles wird so sein, wie es sein muss. Ich habe vollstes Vertrauen in das Universum. Mein Weg von Mangel in Fülle. Wieder einmal ist es vier Uhr morgens. Gedanken kommen immer klarer zu mir. Ich erinnere mich, dass ich Entscheidungen in Bezug auf dieses Wissen getroffen habe – unwissentlich, unbewusst wissend. So paradox sich das anhört, ich habe mir schon so oft gedacht, wenn ich mich nicht bremse, sondern meinem „Urglauben-Urvertrauen" nachgebe, funktioniert alles von selbst. Wenn es über mich kommt; nur ein Funke von Zweifel, wenn ich ihn zulasse, ist alles verloren. Tiefes Vertrauen in eine Sache oder einen Menschen lässt alles von selbst passieren. Wenn ich das hinschreibe, fühlt sich das richtig an. Eine Weisheit, die ich nicht logisch erklären kann. Ein unglaubliches Gefühl, wie eine Wiedergeburt. Ein Gefühl des Wissens, dass es so ist.

Wissen von den alten Kulturen, ihre Weisheiten bewegen mich. Bilder entstehen, die mir zeigen, wie blind ich vorher war. Ich konnte keine Erkenntnisse aus meinem Leben ziehen. Plötzlich ist alles klar und unverrückbar. Wörter, die mich faszinieren, lassen mich ihre ganze Kraft und Bedeutung erkennen. *Was fehlt mir, um mehr Fülle in meinem Leben zu etablieren?* Eigentlich fehlt mir nichts. Nichts, was ich benennen kann. Es ist ein Gefühl, dem ich folge. Mein Weg geht rapide vorwärts Richtung innerer Fülle. Wenn man aus der Fülle heraus handelt, trifft man wahrhafte Entscheidungen, freie Entscheidungen. Ich sehe mich frei und voller Elan voranschreiten.

Ein Bild erscheint vor meinem inneren Auge. Ein Foto vom Himmel, dient mir als Hintergrund für die Worte von Gandhi. Ich habe es auf dem Rückflug von Borneo ins Corona-Geschehen vom Flugzeug aus aufgenommen. Diese unglaublichen Worte von Gandhi. Das wird mein erstes Bild für mein Visionboard. Der Beginn von etwas, das ich noch nicht vollständig erkenne.

Es ist das erste Bild, das ich auf meiner Magnetwand befestige. Eine schwarze Magnetwand, an der ich jeden Tag vorbeigehe und meine Ideen – ein Wort oder ein Bild – festmache, einfange, damit sie sich entwickeln können. Mein Tagebuch liegt neben mir. Es ist fast ein bisschen beängstigend, wenn ich lese, was ich 2014 schon geschrieben habe. Als wären die Worte von Menschen abgekupfert. Da hatte ich noch nie von ihnen gehört. Ihre Energie muss schon in der Welt gewesen sein…spürbar…und jetzt ist sie da. Danke. Es zeigt sich, dass Kontakte die mich berühren, Hinweise darauf sind, dass ich auf der richtigen Spur bin. Danach richte ich mich immer mehr. Wiederholen von „Danke" spricht für ein Bewusstsein. Dafür, dass dieses Wort eine eigene Energie entfaltet. Es war mir unbewusst klar.

Wie sieht meine Vorstellung meines Lebens aus? Diese Frage hat mich dazu gebracht, mich tiefer zu hinterfragen. Das Ergebnis war, dass ich bereits alles habe, was ich mir wünsche: Ich habe eine Familie, von der ich mich sehr unterstützt fühle. Ich habe bereits ein Leben, für das ich sehr dankbar bin. Mein Sicherheitsdenken ist riesengroß. Jetzt fühle ich mich sicher, beschützt und geliebt. Endlich weiß ich, dass das Universum für alle genug hat. Fülle für alle ist möglich. Es ist genug für alle Menschen. Das Hindernis ist der Mensch selbst.

Wieder einmal ist es drei Uhr morgens. Gerade mal drei Stunden geschlafen. Gestern Abend habe ich noch den Podcast *„Wie verbinde ich mich mit meiner Intuition?"* gehört. Diese große Weisheit, dass bereits alles in mir, in jedem Menschen ist. Alles Wissen ist in mir, alle Antworten sind in mir. Es muss nur die richtige

Frage gestellt werden. Manchmal traut man sich nicht, die Frage zu stellen, weil man die Antwort nicht hören will.

Was muss ich tun, um in Fülle zu kommen? Der erste Schritt ist, klare Fragen zu stellen und das aufzuschreiben, was aus mir herauskommt. Das ist die Wahrheit, das bin ich. Es kommen immer wieder Bilder in mir auf, die mir Beispiele zeigen, wo ich im Innersten wusste, wo der richtige Weg gewesen wäre. Aber ich hatte riesige Angst, Angst vor Versagen im Leben. Das führt dazu, dass man oft den leichteren Weg geht, anstatt den richtigen, gefühlt richtigen Weg.

Diese Zustände, die sich schlecht anfühlen. Nicht so zu sein, wie es gewünscht ist, in irgendeiner Weise nicht richtig zu sein. Wie man zu funktionieren hat, um anerkannt und geliebt zu werden. Das sind diese Hemmschwellen, die es zu überwinden gilt. In der Schule fängt es an. Hier werden Kinder funktionstüchtig gemacht. Potenziale werden nicht erkannt. Keine Unterschiede gemacht. Wenn ich so im Schreibfluss bin, fühle ich mich gut. Starke Gefühle fließen durch mich. Liebe ist Fülle – durch Liebe kommt Fülle ins Herz, Öffnung, Verbindung mit der Intuition, mit meinem Selbst. Wenn ich das früher aufgeschrieben hätte, hätte ich Angst vor der Größe dieser Gedanken gehabt. Diese Macht. Angst, dass mich dieses Große begräbt, anstatt größer zu werden. Angst, dass mich diese großen Gedanken in die Tiefe reißen. Mich vernichten – in den Wahnsinn führen. Jetzt habe ich Vertrauen. Vertrauen, dass ich geliebt und getragen und beschützt bin. Vertrauen, dass alles richtig ist, dass mein Sein göttlich ist, wie jedes Sein – jeder Mensch – ein Wunder ist.

Schon als ich nicht schwanger wurde, war dieses tiefe Gefühl da. Meine Gedanken blockieren mich. Ganz viele Beispiele kommen in mein Gedächtnis, wo ich die Intuition gespürt habe, sie jedes Mal wieder verdrängt habe. Ich konnte noch nicht wachsen. Das Universum hat nicht lockergelassen, mich immer wieder angestupst – ich folge meiner Bestimmung.

Überall habe ich die Wahrheit und das Richtige gesucht – tatsächlich war es immer in mir. Das Strahlen des Herzens, das Zulassen eines Wunders. Ich erkenne das Wunder an. Ich erkenne mich an. Ich liebe und akzeptiere mich, so wie ich bin. Ohne Liebe gibt es kein gutes Leben, keine Fülle, keine Weisheit, keine Tiefe, keine Berührung, die das Herz weinen lässt vor Freude. Es braucht keine Leistung, alles ist in mir und bereit, Liebe zu verschenken. Ich bin offen für Vertrauen.

Eigentlich ist schon ganz viel Fülle in meinem Leben. Meine Vision der Familie, das Grundlegendste für mich, hat sich bereits erfüllt, dafür bin ich sehr, sehr dankbar. Ganz viel Fülle ist an mir vorbeigegangen, weil ich sie nicht gesehen habe, nicht sehen konnte. Ich habe ständig irgendetwas gesucht. Ich habe mir nicht vertraut. Ich konnte die Liebe, die mir geschenkt worden wäre, nicht annehmen, weil ich Angst hatte, verletzt zu werden, riesige Angst, die sich irgendwann in mir festgesetzt hat. Die Glaubenssätze „Du bist nicht liebenswert – deine Leistung ist liebenswert" oder „Wenn du funktionierst, bist du liebenswert" haben sich in mir manifestiert. Wie absurd das ist, wenn man darüber nachdenkt; aber wenn dieser Blickwinkel nicht offen ist – man die Einsicht nicht zulässt –, ist keine Heilung möglich. Ich bin bereit zur Heilung.

Gestern habe ich am Abend noch eine geführte Chakra Meditation gehört. Heute Morgen kam diese Idee über mich. *Was ist, wenn es wirklich so ist? Wenn das Universum Helfer braucht? Menschen, die diese Idee durch diese Wellenlänge des Universums empfangen können? Was ist, wenn das der Grund für meine Sensibilität ist? Mein ganzes Leben immer die Flucht vor dieser Gewissheit war?* Tatsächlich wollte ich schon mit 24 Jahren das Meditieren ausprobieren. Es gab nur ein kleines Angebot und meine Arbeitszeiten ließen sich gar nicht damit vereinbaren. Ganz oft hatte ich die Idee, dem nachzugehen. Diesem Gefühl der Innenschau. Gleichzeitig dieser große Respekt davor. Dass sich möglicherweise Welten auftun, denen ich ganz und gar nicht gewachsen bin. *Diese undefinierbare Angst vor ...? Ja, wovor eigentlich?* Jetzt fange ich an, mich immer mehr mit mir auseinanderzusetzen. Dazu gehören auch Meditationen, die ich wie ganz selbstverständlich, einfach über YouTube, entdeckt habe und nutze. Es ist so einfach. Vor 30 Jahren waren Meditationen fast unbekannt, viel zu spirituell. Die meisten wussten mit dieser Bezeichnung wenig anzufangen. Fremd und somit nicht ungefährlich. Es zeigt sich, dass es da viele Schätze zu heben gibt. So viel zugeschüttetes Leben, so viel verborgenes Selbst. So viel Angst. Es entwickeln sich gerade so viele Verbindungen zu meinen Ideen, die jetzt gar nicht mehr irreal erscheinen. Ich verstehe jetzt, dass viele Menschen zu Bewusstsein kommen sollen, damit sich etwas verändern kann auf dieser Welt.

Meine Gefühle spielen verrückt. Es passiert, dass ich morgens aufwache und mir das ganze Ausmaß der Veränderung so tief bewusst wird, dass ich einfach weine. Noch vor Kurzem unvorstellbar. Es löst Angst in mir aus – Angst vor einer Gewissheit, an die ich nicht glauben kann/will. Es gibt keine genaue Vorstellung. Ich lasse das einfach mal so stehen und gehe vorwärts; es gibt für mich kein Zurück mehr. Es ist ja auch egal. Das Gefühl, stark genug zu sein, um ich selbst zu sein, ist dominant. Was sich mir auch offenbaren mag. Ich denke ganz fest an meine wichtigsten Menschen. Sie werden mich beschützen.

Ich habe Angst vor der Welt, vor der Verantwortung, vor dem Leben, vor der Größe dieses Universums? Undefinierbare Zustände.

Corona ist allgegenwärtig. Corona dominiert das TV-Programm. Corona dominiert die Gespräche. Corona dominiert nicht mein Leben, weil ich es nicht zulasse.

Erste Klavierstunde seit Corona. Meine Klavierlehrerin hat mich sehr bestärkt – es war ein wunderbares Gefühl. Meine Hemmschwelle ist gefallen, ich konnte befreit singen. Musik ist ein Lebenselixier. Ich liebe Klavierspielen und Singen. Es ist schön, Worte für meine Gefühle zu finden. Unglaublich – ich kann mich erinnern.

Ich kann mich so genau erinnern, Liebe ist alles, was zählt. Vertrauen – das habe ich einmal geglaubt und unterwegs verloren. Das macht mich furchtbar traurig, hilflos. Doch langsam kommen die Worte wieder. Die Kraft und das Vertrauen vermehren sich kontinuierlich. Viel habe ich gelernt, wie ich mit meinen Gedanken, meinen Gefühlen umgehen kann. Wertschätzung für mein Selbst ist eine wichtige Erkenntnis die ich gemacht habe. Viel ist in Bewegung gekommen durch die Auseinandersetzung mit meinem wahres Selbst. Ich kann nicht beschreiben, was sich in mir bereits alles verändert hat. Wie viel ich schon loslassen konnte von alten Mustern. Danke, Danke, Danke. Genauso weiß ich, dass es noch ein langer Weg ist. Ich habe Hoffnung, dass es besser und besser wird.

Ich sehe eine Bestimmung, universelle Liebe, Vertrauen und Hoffnung. Ich liebe und akzeptiere mich so, wie ich bin – langsam glaube ich es wirklich. Ich glaube daran, wenn ich Liebe gebe, kommt sie zu mir zurück. So ist das Gesetz des Universums. Den Mut muss ich selbst haben. Ich habe große Angst, zu lieben und enttäuscht zu werden. Angst, zu verlieren – meine Liebe, mein Leben. Ich werde meine Angst überwinden – ich spüre diese tiefen Gefühle meiner Angst. Ich erinnere mich daran, wie es war, bevor ich das Vertrauen verloren habe. Ich konnte so wahnsinnig tiefe Gefühle haben – ich hatte Angst, daran zu sterben. Ich shifte meine Angst und meine Sorgen in Vertrauen und Liebe. Mit Hilfe von Tools, EFT – einer Klopfmethode, die sehr hilfreich ist, um mich zu beruhigen. Ich bleibe nicht mehr in der Hilflosigkeit hängen, sondern finde Worte. Das Aufschreiben hilft mir, mich zu orientieren, zu festigen, zu lösen. Ich spüre Bewegung und Öffnung. Ich sehe einen Weg, keine Einbahnstraße mehr – keine Flucht, sondern Freiheit von Geist und Seele. Es ist wie eine Erweckung. Mir selbst vertrauend, spüre ich intuitiv was richtig oder falsch ist.

Herausforderungen kommen und ich sehe darin eine Möglichkeit daran zu wachsen. Ich habe ja schon oft genug dieses Muster vor der Nase gehabt. Lange, sehr lange hat es gedauert, bis ich es erkannt habe. Jetzt habe ich die Möglichkeit, meinen Blick darauf zu ändern. Ich fühle mich beschützt und begleitet. Ich vertraue wieder, welch ein tiefes, schönes und beruhigendes Gefühl. Es fühlt sich an wie ein neues Leben, als wäre ich unerschütterlich. *Danke Gott oder Universum?*

Ich habe mir selbst nicht getraut – meinen Gefühlen nicht vertraut. Gutes von außen konnte ich nicht annehmen, denn ich habe es nicht geglaubt. Wenn mir Menschen gesagt haben, wie nett und toll ich bin, habe ich mir gedacht: *Was wollen die von mir?* Ich konnte es nicht annehmen. Gleichzeitig konnte ich auch schwer Gefühle zeigen und geben. Mein Selbstbewusstsein war zu schwach, um mir genug zu vertrauen. Dieses Selbstbewusstsein habe ich gestärkt durch meine Aktivitäten. Im Außen habe ich gemerkt, was alles möglich ist. Heute spiele ich Klavier. Heute galoppiere ich am Strand. Ganz viele Träume haben sich erfüllt. So viele Ideen habe ich umgesetzt. Meine riesige Hemmung, laut zu singen – eine unglaubliche Überwindung. Ich habe gar nicht an mich geglaubt, aber ich bin weitergegangen, habe gegen meine Ängste angekämpft. Jetzt habe ich das Gefühl, dass ich noch viel mehr erreichen kann. Ich traue mir etwas zu, weil mich Menschen unterstützt haben. Durch ihre Bestätigungen: „Es ist super, du kannst das!" Das fühlt sich so gut an. Ich höre Komplimente und lasse sie in mich einsinken, freue mich. Ich sage zu mir selbst schöne Dinge und fühle mich gut dabei.

Wenn ich daran denke, wie ich gezittert habe bei meiner ersten Klavierstunde. Beim ersten Vorsingen. Dieses Gefühl, dass man glaubt zu spüren, was die anderen gerade denken. Wie sie einen auslachen. Doch es ist das eigene fehlende Vertrauen, das es so schwer macht. Es sind die eigenen negativen Gedanken, die mich blockieren. Ich habe mir alles blutig erkämpft. Jeden einzelnen kleinen und großen Traum, der zuerst nur ganz vage, ganz zart hervorgelugt hat und ganz, ganz langsam erst im Kopf wahr wurde. Kleine Zitate, die mich immer wieder inspiriert haben, waren zum Beispiel „Alles, was du dir vorstellen kannst, kannst du auch erreichen." Das ist unglaublich kraftvoll. Vom Yoga zum Körpergefühl. Vom Körper zum Herzgefühl. Vom Gehen zum Wandern, zum Berge Besteigen. Immer deutlicher sehe ich, dass mein Weg schon sehr früh begonnen hat und in mir präsent war. Er musste nur erst geformt werden zu einem Weg. Die Erkenntnis musste reifen, dass es einen Weg gibt, der geführt wird. Ängste sind die Helfer, um Stärke zu entwickeln. Stärke, die gebraucht wird, um den ganz eigenen Weg gehen zu können. Step by step habe ich die mir gestellten Aufgaben erfüllt. Ich verstehe, dass ich sehr feinsinnig bin, diese Fähigkeit aber nicht gebraucht wurde zu diesem Zeitpunkt. Diese Fähigkeit habe ich instinktiv unterdrückt, um in der bestehenden Welt zu überleben. Um nicht unterzugehen durch das Leben selbst. Wenn das echte Leben auf jemanden niederprasselt, der nicht gefestigt im Leben steht – dem das Fundament fehlt –, kann es niemals gut gehen.

Dieses Bewusstsein beantwortet alle Fragen. Die Kraft bleibt bei einem selbst. Sie geht nicht mehr weg durch das Außen – durch andere Menschen, die einen vielleicht geringschätzen oder beleidigen oder verletzen. Innen bleibt Reinheit, bleibt Sicherheit. „In Schönheit, Liebe, Mitgefühl gehen" ist so groß, so mächtig und so erfüllend, dass man diese innere Welt am liebsten nie mehr verlassen möchte. Das Leben ist ein Wunder, wenn man es sehen kann. Wenn man Bewusstsein erlangt.

Besitzt man eine sehr traurige innere Welt, kann man die äußere Welt schwer aushalten. Beispiele gibt es genug in der Welt der Stars. Sensible Menschen, die sich in dieser Welt nur schwer zurechtfinden. Von der turbulenten äußeren Welt kommt der tiefe Fall in die leere innere Welt. Eine riesige Sehnsucht nach Glück in dieser Welt. Liebe im Menschenleben. Ich verstehe das so gut. Man kann sich niemanden anvertrauen – nicht einmal sich selbst. Diese Sinnlosigkeit und Wertlosigkeit macht so furchtbar traurig. Plötzlich hat man das Gefühl – Traurigkeit ist zumindest ein Gefühl. Lässt man keine Gefühle zu, bleibt nur mehr Traurigkeit. Plötzlich ist dieses eine Gefühl so wertvoll. Schmerz, sich einfach mal selbst spüren. Menschen, die sich selbst verletzen, ritzen – dahinter steckt das große Bedürfnis sich selbst zu spüren. Wenn schon nicht in der Liebe, dann wenigstens im Leiden.

Wo ist es denn dieses Selbst? Ein Weg der Selbstverstümmelung. Ein Weg der Selbstzerstörung. Ein Weg der Opferrolle ist vorprogrammiert durch diese Leere im Innen. Nichts Befriedigendes bleibt für einen Menschen ohne Liebe im Herzen.

Verloren den Sinn, verloren die Liebe. Verloren das Vertrauen. Das Gefühl der Verlorenheit im Leben ist bei den jungen Menschen vorherrschend. Laufen, laufen, weg, weg – Flucht. Paradies ist im Herzen. Das Daheim – die Heimat, heim'at, die Wärme, Zärtlichkeit, Liebe, die gibt's nur in der Ruhe, Stille, Einkehr, Bewusstheit und Achtsamkeit, beim Zurückgehen in die Tiefe des Herzens. Die einfachsten Lösungen und Wahrheiten will keiner. Diese einfachen Lösungen bedeuten Auseinandersetzung mit sich selbst, Bewusstwerden – Bewusstseinsbildung.

Alles ist da. Hinsehen, hin spüren, zulassen. Vertrauen haben und weitergehen. Eigentlich ist es ganz einfach, wenn man ganz ehrlich ist. Wenn man ganz ehrlich zu sich selbst ist.

Schon lange hatte ich das Gefühl, zwei verschiedene Leben zu führen. Eines, das mich am Leben erhält – die äußere Realität, die mich festhält, um mich nicht zu verlieren im Lesen, im Denken. Das zweite, geistige Leben, das versteckt werden musste, weil es so unwirklich und anders war. Jetzt habe ich das Gefühl, meine beiden Leben werden zusammengeführt, das Gefühlsleben mit dem tatsächlichen Leben. Beides darf sein, beides ist wunderbar. Eines ohne das andere ist ein halbes Leben. So stelle ich mir Künstler sein vor – dieses Ausdrücken der anderen Hälfte durch Kunst. Die Sprache ist sehr eingeschränkt. Vermitteln von Unsagbarem durch Sprache ist Poesie – die auch viele nicht verstehen. Musik ist wundervoll, diese Ebene der Kommunikation braucht keine Worte, um den anderen zu erreichen. Dann gibt es noch Berührung, diese Berührung, Körperkontakt – die Haut als Organ, fein in der Empfindung. Empfindungsverfeinerung – das braucht es in dieser Gesellschaft. Empfindungen sind auf vielen Ebenen möglich. Natur, Körper und Geist. Alles kommuniziert miteinander. Empfindungen, die es zum Herzen schaffen, sind stark und geben ein Gefühl der Lebendigkeit. Wenn das Herz sich wieder mit dem Selbst verbindet, entsteht das Gefühl der Einheit in sich selbst. Das Herz und damit auch das Selbst wird wieder gehört. So schließt sich der Kreis und wird wieder ein Ganzes.

Langsam gewöhne ich mich daran, nachts zu schreiben. Es ist eine gute Zeit. Ruhig und alle Gedanken sind noch im Kopf. Es gibt diese Idee, sich am Abend Fragen zu stellen und in der Nacht kommt die Antwort – wie ein Wunder –, als würden die Gedanken vom Universum in der Nacht geordnet und am Morgen bekommt man die Antwort. Aber eben nur wenn man sich Fragen stellt und diese dann loslässt. Nicht das Denken findet die Lösung, sondern die Ordnung.

Eines ist für mich ganz wichtig: Wenn man tief in die Gedankenwelt eintaucht, entstehen andere Realitäten oder es verschwinden die alten Realitäten. Was ganz schlecht ist, wenn man ein „normales" Leben führen will. Dieses Leben im Hier und Jetzt ist mir sehr wichtig. Alles andere ist ja Fiktion und niemals so intensiv. *Oder?* Jedenfalls möchte ich mein jetziges „reales" Leben mit meinem Mann und meiner Tochter nicht verlieren – durch eine Gedankenwelt, die so weit von dieser entfernt ist, dass es das Gemeinsame ausschließt. Da würde ich dann sagen, ich habe mich verrannt. Das ist vielleicht die größte Angst.

Diese Sorge begleitet wohl alle Eltern während der Erziehung, dass die Kinder ihren Weg machen, sich nicht verlieren. Die Bodenhaftung nicht verlieren. Das versucht man auszuschließen, indem man die Kinder zum Tun animiert. Sport, Arbeiten. Ehrliche Arbeit hieß das früher, mit den Händen etwas erschaffen. Grundsätzlich ein guter Ansatz. Der Geist ist gefährdet – er kann einen in die Irre führen. Da bin ich sehr froh über meine Liebsten, mein Umfeld, das mich festhält. Erst das ermöglicht es mir, die Zügel meines Geistes lockerzulassen, ohne abzustürzen. Dafür gibt es genug Negativbeispiele. Eine sehr berechtigte Angst: *Wie viele „Universen/Irreales" lasse ich in meine Welt, ohne diese jetzige zu verlassen?* Ich liebe mein jetziges Leben – bin aber trotzdem auf der Suche. Im Sinne von, es interessiert mich, was alles möglich ist. Welche Vorgänge Gefühle auslösen. Das Eigentliche, das Sehen, das Fühlen, das Lieben – das macht das Leben voll und schön. Ein das Herz voll machendes Leben. *Wie geht das?*

Gefühle sind verloren gegangen. Der Mensch wurde auf Schiene gebracht. Alles funktioniert, alles ist geregelt – Ängste wurden instrumentalisiert und der Mensch ist dankbar, sich um nichts mehr kümmern zu müssen. *Ist es das bessere Leben? Oder nur das einfachere Leben?* Im Sinne von einfacher zu managen, einfacher zu überprüfen anhand von Eckdaten. *Wer bist du?* Name, Alter, Geschlecht, Titel.

Wollen wir das? Sehen wir eigentlich noch, wie paradiesisch diese Welt ist? Verkümmern unsere Sinne nicht durch Oberflächlichkeit? Verlorene Werte, die an Handtaschen und Titeln festgemacht werden. *Was ist dieses Leben, geschenkt von Gott?* Gott ist für mich die Gesamtheit des Universums. Dieses Zusammenspiel von Unglaublichem. Dieses Bewusstsein von Unvorstellbarem. Vom Menschen reduziert auf ihren kleinsten Nenner, einen kontrollierbaren Nenner. Dieses Vertrauen in die Natur, Leben mit der Natur, haben wir uns ausgetrieben, um mehr zu sein. Ich sehe jedoch diesen Mehrwert nicht. *Wer sind wir, wenn wir nicht mit allem verbunden sind? Ist nicht genau das unser Mehrwert?* Diese Verbindung mit dem Universum, diesem großen, unglaublichen Wunder. Wo immer noch nicht alles durchblickt, erforscht ist. Diese Vorstellung lässt mich erkennen, wie klein der Mensch ist. Ich weiß, dass ich nur wenig weiß. Mein wissen wollen treibt mich an.

Mein Interesse war immer schon dieses Wunder und das damit einhergehende „Warum?" Psychologie hat mich immer interessiert, weil ich wissen wollte: *Warum tun Menschen dieses oder jenes?* Bräuche und Rituale der Naturvölker finde ich wahnsinnig spannend. Wie viel wurde zerstört durch Menschenhand – Missionare, Kolonialisierung...

So furchtbar traurig. Was wurde alles vernichtet? *Die Seele des Menschen? Was ist die Seele des Menschen?* Das Herz ist in größter Gefahr. *Was ist der Sinn des Lebens? Wer sind wir? Wer bin ich?* Ich bin ein Wunder. Der Mensch ist ein unglaubliches Wunder. Mein Körper, meine Gefühle, mein Herz. Es gibt diese Momente, in denen ich das Gefühl habe, mein Herz möchte springen vor Freude. Diese Momente sind selten, denn irgendwann habe ich gemerkt, dass das nicht gewünscht ist. *Warum eigentlich?* Vielleicht, weil es außerhalb der Kontrolle des anderen liegt. *Dem anderen vielleicht sogar Angst macht? Weil er/sie nicht weiß, wo das herkommt? Sind solche überschwänglichen Gefühle ungewöhnlich und machen Angst, weil sie uns voneinander entfernen? Bin ich dann überhaupt noch brauchbar?* Auf Spur bleiben – sich nicht verlieben in diese wundervollen Gefühle des Glücks, der Zufriedenheit im einfachen Sein, ohne viel zu brauchen. So wird man zu einem Ausfall in der Konsum- und Produktionskette. Man wird unproduktiv – nicht mehr leicht manipulierbar. Glück ist eine schlimme Sache, ein „Ausfall". *Wo führt das hin, wenn das Schule macht?* Manipulierbarkeit ist die Grundlage unseres Systems – unseres jetzigen Systems. Der Mensch ist das modellierbarste Grundprodukt, wenn das ausfällt, ist es vorbei mit Konsum und Wirtschaft im Großformat. Erst jetzt sehe ich, was Kapitalismus heißt. Aufgabe von Sehen, Schmecken, Fühlen – diese sinnlichen Gefühle, die zu größten Glücksgefühlen führen. Der Kreis schließt sich von den sinnlichen Gefühlen zum Sinn im Leben – das ist der höhere Sinn.

Durch Achtsamkeit, Stille und Besinnung habe ich mich wieder angenähert. Fragen haben mich geführt. *Wo laufen wir nur so schnell hin? Was bleibt alles auf der Strecke?* Wir sollten uns besinnen. *Was bedeutet dieses Besinnen?* Erleben mit allen Sinnen, weil es im Außen ruhig ist. Diese Ruhe macht den Geist unruhig, weil es außerhalb seiner normalen Erfahrung liegt. Der Geist liebt alte Gewohnheiten. Der Geist bleibt lange Zeit unruhig, auch während der Meditationen. Es ist ein Lernprozess für den Geist. Unsere Konditionierung sagt uns unbewusst: „Keine Bewegung des Körpers und des Geistes ist Stillstand und bringt mich nicht vorwärts." Ein schwerer Denkfehler: Erst die Stille bringt die Fülle. Wirkliche Stille bedeutet, keine Gedanken zu haben. Wirkliche Stille führt zu einer feineren Wahrnehmung. Wirkliche Stille erfüllt mich. Hier liegt die Fülle. Hier erfülle ich mich, mit allem, was ich will.

Langes Herumphilosophieren/Herumdenken war ein kleines Hobby, das ich gerne mit meinem großen Bruder betrieben habe. Es kam nie zu Ergebnissen. Es ist ein Drehen und Wenden von vielem und nichts. Wir haben aufgegeben. Irgendwann hatte ich es satt, mir das Leben schwer zu machen durch „Zerdenken" des Lebens. *Ist es nicht viel einfacher, die Freuden des Lebens – die einfachen Freuden des Lebens – zu genießen? Seinen Geist nicht auf die schiefe Bahn kommen zu lassen? Wo führt es hin? Nirgendwohin? Was passiert da, dass man in diese Abgründe geht? Kann man sich das Denken dann nicht einfach sparen?* Aufarbeitung muss sein, um weiterzukommen – also doch denken. Denken ist gut und führt zu Lösungen. Denken ist Arbeiten mit dem Verstand Es gibt aber auch eine andere Ebene, um zu Lösungen zu kommen.

„In der Stille liegt die Kraft" ist ein sehr alter Spruch, der sehr viel Wahrheit beinhaltet. Es braucht die Verbindung zur inneren Welt, denn sonst ist es nur die halbe Welt. Hier gibt es die Möglichkeit der Entfaltung ohne Verlust der Realität. Die Möglichkeit des Glücklich-Seins; des Erfüllt-Seins. Das ist es, was jeder sich wünscht. Glück und Gesundheit. In allen Bereichen mein persönliches Glück zu finden.

Vielleicht sind meine Wünsche und Träume manipuliert worden, durch Werbung, durch die Wünsche anderer überdeckt – die ich versehentlich als meine anerkannt habe. Vielleicht haben die Menschen vergessen, was sie eigentlich suchen – Glück und Zufriedenheit. Vielleicht wissen die Menschen gar nicht mehr, wie sich Glück und Zufriedenheit anfühlen. Vielleicht wissen Menschen gar nicht mehr, wie sich Liebe anfühlt. Vielleicht haben die Menschen vergessen, was sie sich einmal gewünscht haben. Wer sie waren, bevor ihre Konditionierung begonnen hat.

Das Zusammenführen von Innen und Außen gibt mir ein Gefühl des Ganz-Seins. Mich selbst zu entdecken, gibt mir ein Gefühl der Selbstsicherheit. Mich um mich selbst zu kümmern, gibt mir ein Gefühl von Selbstliebe. Ich fühle mich von mir selbst wertgeschätzt und geliebt – ein tolles Gefühl.

Gestern habe ich es geschafft, mein Visionboard zu erstellen. Eine schwarze Magnetwand mit über einem Meter Länge habe ich auf die Mauer gemalt und gleich mein Wolkenbild mit dem Spruch von Gandhi mit Magneten befestigt. Im Kopf habe ich es bereits gesehen – jetzt ist es real.

Quelle: Das Gedicht von Gandhi habe ich
vor Jahren irgendwo abgeschrieben.
Aufgestöbert im März 2020 in meinen Notizen.
Direkte Quelle leider nicht mehr nachvollziehbar.

Als ich mir ein Interview angehört habe, musste ich weinen. Ständig kamen mir die Tränen. Spätestens jetzt wäre ich früher umgekehrt. Weinen ohne erkennbaren Grund hätte mich verunsichert. Jetzt fühle ich mich stark genug, weiterzugehen. Was mich berührt hat, war, als sie erzählte, wie es ihr ergangen ist auf ihrem Weg – bevor sie dieses Buch über die Liebe schreiben konnte. Ich habe gerade so viel Angst, mein Leben könnte auseinanderfallen. Menschen, die mir so wichtig sind, könnten sich von mir abwenden, weil sie glauben, dass ich mich einer „Verrücktheit" hingebe. Aber so ist das nicht. Mein Herz ist so voll, aber ich kann mich nicht ausdrücken – ich muss ständig weinen. Ein Gefühl, als müsste ich all die Tränen jetzt weinen, die ich weggedrückt hatte. Das ist es, was unsere Generation geprägt hat, „Selbstverleugnung". Es ist eine Überlebensstrategie, bis zu dem Punkt, an dem man „ankommt", sozusagen alles erreicht hat, um gut leben zu können. Um dann zu spüren, dass etwas Gravierendes fehlt. Eigentlich bin ich tot – eigentlich ist da nichts. Ich habe mich unterwegs selbst verloren. Ich wollte dieses Leben. Ein ganz normales Leben. Ich wollte nicht anders sein. *Was war dieses anders?* Anders führte nirgendwohin. Anders wollte niemand. Anders hieß allein sein, nicht lebensfähig sein. Alleinsein. Traurig sein. Weinen und weggestoßen werden, verletzt werden. Ich habe so viele Tränen. Ich erkenne mich selbst und bin so traurig, dass ich mich verleugnet habe, aus welchen Gründen auch immer. Doch ich kann fühlen, es ist ein wunderbares Gefühl. Ich fühle mich wie ein Mensch, der berührt wird und bereit ist, zu heilen. Ich fühle mich wie neu geboren. Wie vom Universum geküsst und aufgefordert, endlich ehrlich zu mir zu sein. All die kleinen falschen Abbiegungen zu erkennen und zur Erkenntnis meines Lebens zu kommen: Sei du Selbst.

Über das Außen bin ich zum Innen gekommen. Viele Versuche über Sport, Yoga, Theater, Malen, Reiten, Reisen, Wandern und vieles mehr. Alles Tun ist ein Hinweis darauf, wer ich bin. Überlegungen, was ich gerne tue, warum ich etwas tue, helfen mir, mehr über mich selbst zu erfahren. Mehr in Kontakt mit meinem Selbst zu kommen. Mehr in Kontakt mit meinem Selbst zu bleiben. Eine echte Beziehung mit mir selbst. *Warum tue ich dieses oder jenes?* Auseinandersetzung hat mich zurückgeführt.

Literatur hat mir schon als Kind geholfen. Es war eine andere Welt – keine so enge Welt. Immer auf der Suche nach dem Sinn. Immer auf der Suche nach dem Hintergrund. Nach dem Sinn des Lebens zu suchen, habe ich aufgegeben. Irgendwann dachte ich nicht mehr darüber nach, sondern habe das Glück gesucht. Als ich das Glück gefunden hatte, brauchte ich den Sinn nicht mehr zu suchen. Der Sinn ergab sich aus dem Glück. Wenn der Mensch glücklich ist, hat das Suchen ein Ende. Wenn der Mensch glücklich ist, will er, dass alle glücklich sind. Alle sollen dieses Glück spüren. Es ist dieses Gefühl, das man teilen will. Ist man allein im Urlaub und erlebt schöne Dinge, fehlt einem der Partner, mit dem man dieses Gefühl teilen will. Es ist, als würde sich das Gefühl dadurch verstärken. „Sieh nur, wie schön es auf dieser Welt ist" – das will man nicht allein erleben.

**Ich kann alle Welten
in mir vereinigen,
und weiß doch wer ich bin.**
Nagl Monika

Ich habe eine Bergtour abgesagt. Das ist sehr außergewöhnlich für mich, denn ich gehe sehr, sehr gerne am Berg. Es entspannt mich und ich liebe die Natur. Es ist wunderschön auf dieser Welt. Doch für mich gibt es momentan Wichtigeres zu tun. Eigentlich nichts zu tun, sondern zu entdecken. Ich fühle mich gerade richtig motiviert auf meinem Weg und möchte dieses Gefühl nicht missen. Dieser Rhythmus, der genau auf mich abgestimmt ist. Wenn ich nachts aufstehen muss, wegen der Hitzewallungen, fange ich an zu schreiben, Tee zu trinken, zu lesen. Dann schlafe ich wieder, höre einen Podcast, meditiere. Ich fühle mich grade richtig zu Hause. Alles, was ich brauche, ist da. Abends arbeite ich, freue mich, Leute zu sehen und tratsche gerne. Ich fühle mich bestens und habe gar keine Lust, das zu ändern. Ich möchte mich nie wieder zu weit von mir selbst entfernen.

Immer habe ich sehr viel nachgedacht. Nie habe ich Lösungen gefunden. Das Leben war ganz anders – alles um mich herum hat anders agiert, hat nicht zu meinem Denken gepasst. Dieser Zwiespalt fühlte sich an wie ein ununterbrochener Selbstzweifel. Das Gegenteil von Selbstvertrauen. Die Lösung war Anpassung und Selbstverleugnung. Funktioniert eine Zeitlang. Der Geist bleibt unruhig. Die Suche geht weiter. Der Sinn des Lebens ist das Leben selbst. Die wundervolle Erkenntnis, dass das Leben selbst ein Wunder ist, wir Menschen ein Wunder sind und das Ziel diese Erkenntnis ist. Frieden ist in unserem Herzen. Freude und Glück entstehen in unseren Herzen. Zuerst entfernen wir uns auf der Suche ganz weit von uns, bis wir erkennen, die Suche muss nach innen gehen. Das Herz ist immer noch da. Es hat gewartet, bis man zurückkommt. Es war niemals weg. Es fühlt sich an wie eine Erlösung, die innere Freiheit/Zufriedenheit. All die Gefühle des Herzens, die so glücklich machen, entdecke ich bei der Innenschau. Das Bewusstsein für die Unendlichkeit des Universums erfahre ich – erspüre ich. Dieses Erkennen befreit mich aus dem Hamsterrad, diesem weltlichen du musst dieses und jenes, „geh" ... „lauf" ...

Meine Glaubenssätze waren:
- Du musst dich anpassen.
- Du musst genug verdienen, um unabhängig zu sein.
- Du darfst nicht du selbst sein. Deine Gedanken sind nicht normal und schließen dich aus.
- Die Gesellschaft akzeptiert dich, wenn du die Norm erfüllst.
- Gefühlsduselei ist Verweichlichung, bremst den Weg nach oben. *Was ist oben?*
- Mit diesen Gefühlen kannst du deine Ziele nicht erreichen.

- Ziele befinden sich alle im Außen.
- Im Innen verläuft man sich, da kennt sich keiner aus und es kann dir auch niemand helfen, denn die anderen kennen sich noch weniger aus und lachen dich aus.
- Das Innen muss ausgemerzt werden – es ist eine Schwäche.

Die Frage ist: Kann ich mich aus diesem selbstgemachten Gefängnis befreien? Kann ich diese Prägungen shiften? Umwandeln in Hilfen? Sie als Unterstützung ansehen, die mir hilft, mich weiterzuentwickeln?

Dieses magische Gefühl von Fülle im Selbst. Der Geist öffnet sich, weitet sich aus und verbindet sich mit dem großen Ganzen – eine Befreiung des Denkens. Im Einklang mit der Natur und allem Leben darin zu sein, bekommt eine neue Bedeutung – einen tieferen Sinn. In kleinen, kleinsten Schritten nähere ich mich meinem Innen an. Bestärkt durch meinen Weg, vertraue ich in meine Gefühle und Gedanken. Ich bin bereit, weiterzugehen.

Die Gesellschaft orientiert sich gerade neu durch Bewusstseinsentwicklung. Das Forschen in der Stille durch Besinnung erlebt einen Aufschwung. Ein Perspektivwechsel. Vom Außen zum Innen. Das „Higher Self" ist zu einem Begriff geworden. „Bewusstsein" ist für mich ein Begriff, der eine Erfahrung, die ich spirituell mache, ins Außen bringt – auf die gelebte, bewusste Ebene. Sichtbar machen von spirituellen Erfahrungen durch mein Bewusstsein.

Spiritualität hilft mir, innere Zustände als Vorstellung ins Leben zu transportieren, zu transzendieren, umzuwandeln. Wünsche und Träume zu erkennen, um sie umzusetzen. Wünsche und Träume Wirklichkeit werden zu lassen. Die Frage: *Wer bin ich ohne meine Einschränkungen? Wer bin ich, wenn ich meiner Intuition mehr Raum gebe?* Die neue Sichtweise lässt mich mein Leben mit anderen Augen sehen. Wie oft bin ich schon an mir selbst vorbeigelaufen. Nicht gewusst, wohin und warum. Angst war das dominierende Gefühl, das hemmende Gefühl, das schwer überwindbare, vorherrschende Gefühl. Jetzt vertraue ich mehr meiner Intuition als meiner Vernunft und gehe einen anderen Weg. Dieser Weg verlangt, Vertrauen, Demut und Verantwortung für mich zu übernehmen. Denn nur so ist es möglich, im Herzen nicht einsam zu sein – durch das Gehen mit Herz und Verstand. Man ist kein Niemand oder Jemand mehr. Einsamkeit zu zweit, zu viert, zu tausend... Ich sehe mich immer mehr, ich spüre mich immer mehr. Die Angst ist noch da, aber ich erkenne immer mehr, was das Richtige ist. Ich vertraue darauf, dass ich endlich auf dem richtigen Weg bin. Denn dafür wurde ich wohl auf diese Welt gebracht, um meine Bestimmung zu erfüllen. Ich lasse die Angst hinter mir. Ich spüre mich selbst und ich fühle mich frei.

Immer wieder kommen genau die richtigen Bücher oder Podcasts die mich bestärken meinen Weg weiter zu gehen. Ich lasse mich nicht mehr aufhalten von meinen Ängsten. Es geht nicht darum den großen Wurf zu machen, sondern um Selbstverwirklichung. Es geht darum die Lust eine kreative Idee umzusetzen, auszuleben.

Die Idee, dass sowieso alles im Menschen schon drin ist, aber leider oft untergeht, entspricht auch meinem Gefühl. Es ist sehr modern geworden, erst perfekt sein zu müssen, bevor man sich zeigen darf. Diese Denkweise ist doch absurd und verhindert so viel. Ich muss doch zuerst mal anfangen etwas zu tun, um mich weiterentwickeln zu können. Ich habe deutlich erkannt, wie die unterstützenden Gedanken von selbst kamen, als ich eine Entscheidung getroffen hatte. Alles entwickelte sich wie von selbst. Entscheidend ist, aktiv zu werden.

Ich habe momentan das Gefühl, wahnsinnig viel Neues in mir zu entdecken. So viel Neues – was total spannend ist, aber ich sehe den roten Faden nicht. Ein bisschen mehr Leben im Sinne von Orgel spielen, Tennis spielen, nächste Woche vielleicht auch wieder Acroyoga. Eigentlich habe ich ja schon sehr viel

Kreativität gelebt – habe ganz viel ausprobiert. Mein Zugang zu Neuem entdecken war immer anfangen, auszuprobieren. *Wie weit kann ich eigentlich gehen? Kann ich Klavier spielen? Was erzählen all die Bücher? Was kann ich lernen? Wie ist es, am Strand zu reiten?* Beim Acroyoga habe ich gelernt, Energie zu lenken, meinen Körper zu kontrollieren, mein Gewicht zu balancieren und meinen Schwerpunkt zu verlagern. Ganz, ganz viele Themen haben mich interessiert, meine Familie und mein ganzes Leben ist eine Auseinandersetzung mit Themen. Im Außen habe ich nicht viel ausgelassen und mich mit meiner Kreativität beim Malen, Schnitzen ausprobiert. Ich habe ganz viel entdeckt und sehr viel Freude und Spaß damit gehabt.

Spiritualität habe ich noch nie wirklich an mich herangelassen. Das bedeutet sehr viel Rückzug – was mir relativ leichtfällt. Stille und Meditationen lasse ich in mein Leben einfließen. Der richtige Zeitpunkt, meinen Zugang zu mir zu vertiefen. Mein Denken habe ich schon ein bisschen analysiert.

Die Verbindung mit dem Universum. Da möchte ich weitergehen. Da stehe ich gerade. Da muss ich meinen Weg suchen. Der Anfang ist gemacht mit der Suche in der Tiefe nach echten Gefühlen und echten Gesprächen. Da möchte ich anschließen. Mehr Meditationen, mehr Tiefe, mehr Verbindung. Ich hatte mich ein bisschen entfernt, aber jetzt bin ich zurück. Es geht um Vergessen und Verdrängen. Das Nicht-Aufarbeiten der Vergangenheit. Diesem Gefühl von vielen Menschen, dass da viel Verborgenes und vielleicht sogar Schlechtes ist. Etwas, das einen unruhig macht, weil die Verbindung unterbrochen ist. Die Verbindung, die über meine nächsten Angehörigen – meine Eltern, die mich gezeugt haben –, über Generationen zurückgehen kann, um mich mit dem Universum verbinden zu können. Es besteht eine Unterbrechung. Dieses Unrunde, dieser Mangel, dieses Fehlen von „etwas". *Etwas Unausgesprochenes, Unaussprechliches?* Diese größere Verbindung, die die Kirche nicht mehr ausfüllen kann. Für mich ist das Spiritualität.

Sobald ich meine
eigene Macht anerkenne,
kann ich sie auch nutzen.
Nagl Monika

Verlust der inneren Welt. Viele Jugendliche leben ihre Zerstörungswut aus, Vandalismus, Aggressivität, unbestimmter Leidensdruck, der sich ausdrücken will. Leere und Angst. Burnout – ausbrennen, um sich zu spüren, Depressionen, Flucht vor der inneren Welt, Selbstzerstörung durch Unverständnis über das eigene Sein. Das unverstandene Selbst richtet sich gegen mich. Leere, fehlende Liebe, keine Werte, keine Vorstellung von etwas Höherem, das uns beschützt vor unserem Ego – unserem ausufernden Ego. Einkehr, Besinnung ist unmöglich, denn da ist nichts als Leere. Diese ganze Verrohung ist ein riesengroßes Zeichen von Sinnsuche, der Suche nach Liebe. Die Liebe ist auf der Strecke geblieben, zwischen Kriegserlebnissen und Aufbauarbeit. Man fühlt Liebe, die nicht gezeigt werden darf. Man fühlt Liebe, die keine Resonanz findet.

Irgendwie habe ich meinen Bezug zum Schreiben gerade verloren. Ein Gefühl wie herausfallen aus einem Denkfluss.

Ich stelle mir die Frage: *Warum habe ich eigentlich angefangen zu schreiben? Warum mache ich das eigentlich?* Ich habe es vergessen. Mit großer Deutlichkeit erkenne ich die Wichtigkeit, alles aufzuschreiben. Angefangen habe ich, um meine Gedanken zu ordnen, Erkenntnisse über meine Gedankenwelt zu bekommen. Das hat mich zu meiner inneren Welt geführt. Meine innere Welt hat mich zu meinen Gefühlen geführt. Meine Gefühle sind ja vor dem Denken. Durch Meditationen und die Podcasts habe ich gelernt, dass dieses bewusste Erkennen meiner Gedanken bereits Weiterentwicklung bedeutet. Durch Meditationen habe ich gelernt, wie ich tiefer in mich sehen kann – eine tiefere oder höhere (?) Bewusstseinsebene erreiche. Jede

Weiterentwicklung ist ein Erfolg und sollte gefeiert werden. Ich verwöhne meinen Körper mit einem schönen Bad, verwöhne meinen Geist mit schönen Worten. Ich kümmere mich liebend um mich selbst.

Mein Geist ist sehr ruhelos und liebt Beschäftigung. Viel Energie ist in mir. Das Buch von Liz Gilbert hat mir aufgezeigt, dass es meine unbändige Neugier ist, die mich immer Neues beginnen lässt. Das ist grundsätzlich super, denn Neugierde bringt Leben ins Spiel. Neues bereichert mein Leben und mein Geist beschäftigt sich mit Dingen, die ich liebe, die mir Freude bereiten – alles super. Doch manchmal fühle ich mich einsam – *ein Zeichen, dass ich nicht präsent bin?*

Dieses Gefühl ist immer mal wieder da. Egal, was ich tue. Auch wenn ich unter Menschen bin. Einsamkeit lässt mich erkennen, dass ich mich wieder von mir entfernt habe. Mein Geist ist nicht im Hier und Jetzt. Mein Geist ist nicht präsent – nicht in aufmerksamer Achtsamkeit, nicht verbunden mit mir. In diesen Momenten schließe ich meine Augen, atme Liebe ein – in mich hinein. Atme aus – lasse Liebe sich in mir ausdehnen. Ich spüre meinen Atem, ich spüre Liebe, ich manifestiere Liebe. Mein Atem unterstützt mich, mich zu sammeln, mich zu verbinden. Es ist dieses Herausfallen aus meiner Präsenz. Herausfallen aus einer bestimmten Energie. Es ist das normale Leben im Übergang auf eine höhere Ebene.

Ich gebe mir Zeit, Verständnis, Mitgefühl und Liebe, um mich zu stärken. Meinem Verstand gebe ich ein Ziel, eine Aufgabe, solange ich nicht einfach in Stille sitzen kann, präsent sein kann. Ich bewege mich körperlich und geistig in die gleiche Richtung. Impulse kommen, Ideen kommen. Ich verbinde alte mit neuen Erfahrungen. Lese Bücher, verbinde sie mit meinen neuen Erkenntnissen. Gehe vorwärts, arbeite an mir, lege mir einen Tagesplan zurecht. Entdecke Neues, bis sich scheinbar plötzlich wieder etwas erkennen lässt – eine Erkenntnis. Ein großer Plan, der durch seine Ganzheit erst ein klares Bild erkennen lässt. Das große Ganze sehe ich noch nicht.

Spannende Themen verflechten sich zu einem größeren Thema. Wenn ich Erkenntnisse bekomme, freue ich mich jedes Mal. Themen, die mich interessieren, mit denen ich mich gerne beschäftige, sind erfüllend. Nicht immer lustig, seinen Geist ständig bedienen zu müssen. Mich macht es richtig glücklich und zufrieden. Es ist schön. Es fordert mich, treibt mich an, mehr zu erfahren, weiterzumachen. Zusammenhänge zwischen den Themen zu erforschen. Das hat so viel Neues und Spannendes in mein Leben gebracht. Meine Energie hat wieder eine Beschäftigung und mir scheint, darum geht es in unserem Leben. Interessantes zu finden, womit wir uns gerne beschäftigen. Uns kontinuierlich weiterbewegen mit dem schönen Gefühl, dass die Richtung stimmt, vielleicht schon eine Bestimmung darin liegt.

Kontinuierliche Weiterentwicklung durch das Leben selbst. Der Geist, wenn er unterbeschäftigt ist, dreht sich im Kreis und verwirrt sich selbst. Es entsteht ein verwirrter Geist. Mit Meditationen erreiche ich mein tieferes Bewusstsein – mein Unterbewusstsein. Hier erlebe ich mich ganz anders. Hier habe ich den nötigen Abstand zu Situationen, die mich belasten. Hier bewege ich mich auf einer anderen Ebene. Der Abstand und die Ruhe ermöglichen mir ein Verarbeiten der Situation. Ein Betrachten, Sehen von oben, Perspektivenwechsel. Dieses Prinzip verfolgt die Meditation. Stille befreit meinen Geist von irgendwelchen Triggern oder Vorurteilen, um einen freien Blick auf das Problem richten zu können. Meditieren – tiefes Nachdenken –, den Geist auf eine höhere Ebene bringen, um zu klaren Gedanken zu kommen, um gute Entscheidungen zu treffen. Das absolut Beste. So viel habe ich bereits gelernt und da geht's jetzt für mich weiter. Regelmäßiges Meditieren. Mit positiven Affirmationen in den Tag starten, das ist der Plan für die nächste Zeit.

Mein Tool, um mich zu erinnern: Festhalten von Erkenntnissen, indem ich das Visionboard mehr einbeziehe. Hier bewahre ich meine Wörter, Bilder oder Geschichten, um nicht zu vergessen. Ich nehme Erkenntnisse mit ins Leben. Setze sie um. Wenn ich reflektiere, erkenne ich, dass ich das schon einige Zeit mache. Immer schon hefte ich Zettel an die Tür, schreibe mir schöne Gedichte oder Sprüche auf, die mich inspirieren.

Ich verbinde Erkenntnisse, beispielsweise im Tennis. Ich weiß, wie mein Geist arbeitet; wann er besser arbeitet. Dieses Loslassen und Vertrauen auf den Geist – auf Verbindungen, auf automatisierte Abläufe, machen das Leben leichter. Hindenken und sich fokussieren. Tatsächlich arbeitet der Geist in diese Richtung – tut alles, was nötig ist, damit es funktioniert. Der Geist bewegt den Körper dorthin, wohin ich meine Gedanken lenke. Habe ich genug Vertrauen zu meinem Körper, weiß ich, dass er sehr gut abgespeicherte Handlungen selbstständig erledigen kann. Ein hundertmal trainierter Aufschlag läuft voll automatisiert ab. Im Tennis eine klare Sache. In der Übertragung auf das Leben, bedeutet das, wenn ich mein Ziel fokussiere – in meinem Beispiel ein Buch zu schreiben –, führt mich mein Geist genau zu meinem Ziel. Ein abgeschossener, losgelassener Pfeil findet sein Ziel. Mein Geist ist jetzt darauf programmiert. Das ermutigt mich, noch besser mit meinem Geist zusammenzuarbeiten. Noch mehr Gedanken hinzulenken, noch mehr zu fokussieren. Gedanken, die mich ans Ziel führen. Wieder neues Futter für meine Neugierde, meinen Entdeckergeist. Es hält mich wach und erfüllt mich.

Ich habe festgestellt, dass mich Atmung sehr unterstützt, mich im Higher Self zu halten. Tiefes Einatmen mit unterstützenden Worten – Freude, Liebe – macht mich sofort gut gelaunt. Ich trenne mich von einem Gedanken, der mich nicht freudig gestimmt hat und wende mich einem erfreulicheren Gedanken-Wort zu. Oder ich nutze ein Mantra: „Ich liebe und akzeptiere mich so wie ich bin." Das bringt mich zurück in meine schöne Energie.

Im Hier und Jetzt zu bleiben, präsent zu sein, gegenwärtig zu sein. Bewusstsein ist ein großes Thema geworden. In der einfachen Yogaübung sehe ich dieses Zusammenspiel. Körper und Geist aufeinander abgestimmt. Jede Bewegung muss vorher vom Gehirn einen Impuls bekommen haben. Manchmal denke ich, mein Körper weiß bereits was kommt, weil ich jeden Tag das gleiche Programm – die gleichen Übungen – mache. Wenn ich über andere Dinge nachdenke – nicht präsent bin –, herausfalle aus der Reihe meiner fixen Abfolge, weiß ich momentan gar nicht, was für eine Übung kommt. Mein Körper hat eine eigene Intelligenz, mit der ich mich verbinden kann. Mein Körper macht viele Dinge selbstständig.

Ein gewisser Grad an Ordnung ist mir wichtig. Ordnung erleichtert mein Leben. Gedankenlosigkeit verursacht eine unnötige Suche nach Schlüsseln, nach Unterlagen. Gedankenlosigkeit verursacht Verletzungen, Kränkungen von anderen Menschen, die mich viel Zeit kosten, um ein falsches Wort oder vergessene Termine wieder in Ordnung zu bringen. Viel Zeit und Energie, die ich für andere, schöne Dinge verwenden kann. Ich gehe langsam und bedacht, damit ich keinen Schaden verursache. Ich will nicht die Ursache von schlechten Gedanken oder Taten sein.

Wenn mir bewusst wird, dass ich einen Fehler gemacht, andere enttäuscht oder beleidigt habe, gibt mir das selbst ein schlechtes Gefühl und meistens leide ich selbst länger darunter als der andere. Früher habe ich dann oft nachgefragt oder mich entschuldigt. Oft hat mein Gegenüber das gar nicht so empfunden. Meine Gefühle waren einfach zu fein eingestellt. Ich musste lernen, alles nicht so ernst zu nehmen. Ein gutes Mittelmaß zu finden, hat mir geholfen leichter zu leben.

Burnout – für mich bedeutet das, viel leisten ohne Zufriedenheit zu finden. Jugendliche, die scheinbar alles haben, sehen sich mit dem Unverständnis der Eltern konfrontiert. *Was wollen diese jungen Leute überhaupt?* Das wissen die meisten selbst nicht. Sie wollen mehr vom Leben und nicht mehr diese Leistungsschiene der Elterngeneration. Viele sind auf der Suche, nicht wissend wonach. Ängste verstärken sich – Immunsysteme werden angegriffen. In den Schulen werden funktionierende Kinder herangezogen, aber keine kreativen Persönlichkeiten. Enges Wissen wird vermittelt, was eine Unterschätzung der Fähigkeiten des menschlichen Gehirns darstellt. Angst ist der dominierende Grund der Eltern, ihren Kindern nichts mehr zuzutrauen. Veraltete Systeme, die das Potenzial des Menschen reduzieren, anstatt es zu fördern. Ich glaube, so wie jeder einzelne Mensch sein eigenes kleines Universum entdecken muss, um sich selbst erkennen zu können, braucht es eine Gesellschaft, die ihre Geschichte aufarbeitet. Dazu gehören eben auch die unsichtbaren Schäden, die durch Missbrauch und Gefühlskälte entstanden sind.

Familien aus der Gefangenschaft ihrer Emotionen zu befreien. Emotionen, die ich nicht einordnen kann, die unterbewusst ihr Unwesen treiben. Eine Gesellschaft ist ein Netz, geflochten aus Zusammengehörigkeit, Sicherheit und Gemeinsamkeit. Erst, wenn diese Wörter wieder eine Bedeutung haben, gibt es wieder glückliche Kinder, die von ihren Eltern lernen, wie die Welt funktioniert. Ins Leben integrierte Kinder, die Freude am Lernen haben, sich ausprobieren wollen und dürfen. Heute werden die Kinder für die Wirtschaft erzogen, „vorbereitet." Wirtschaft ist wichtig, aber das Zusammenspiel hat sich zu sehr in eine Richtung verlagert. Die Balance ist verloren gegangen. Der Geist des Menschen wurde vernachlässigt, ist vielleicht sogar verwahrlost.

Das Ergebnis meines Denkens über mich selbst:
- Mein Selbstbild musste sich verändern.
- Meine Gedanken mussten sortiert werden.
- Neue Ideen mussten entstehen.
- Antworten auf Fragen mussten gefunden werden.

Ergebnisse, die mir zeigen, dass mein Weg nicht zu Ende ist. Ich bin sehr neugierig, was es noch alles zu entdecken gibt. Im

Leben und in meiner inneren Welt. Meine anhaltenden Hitzewallungen geben mir viele zusätzliche Nachtschreibstunden.

Sätze zu sprechen, die mir nicht sinnlos erscheinen. Die sich richtig, von Herzen richtig anfühlen. Den Mut und das Vertrauen in mich zu haben, dass ich etwas zu sagen habe, etwas bewirken kann, durch mich. Ausdrücken kann durch Worte, Taten. Meine Wahrheit gefunden zu haben und in Worte fassen zu können, das ist ein wahres Geschenk – jeden Tag entdecke ich etwas Neues in mir, das mich stärkt und mir hilft, mich zu verwirklichen. Wie absurd – mich wirklich zu machen, sichtbar zu machen. Ich fühle mich, als hätte ich mich vorher gut versteckt, um nicht angreifbar, verletzbar zu sein. Meine Energieebene erhöhen und halten, ist eine Herausforderung. Irgendwie fühle ich mich schon erhöht, denn ich habe ständig das Gefühl, Neues will zu mir. Neue Gedanken, neue Ideen wollen durch mich verwirklicht werden.

Dieses Spektrum der Gefühle Scham, Wut, Verzweiflung, Angst in tiefsten Tiefen, das kenne ich, daran habe ich jahrelang gearbeitet. Gefühle wie Freude, Mitgefühl, Liebe habe ich erweckt. Ich kann sehr intensiv fühlen, deshalb habe ich mich auch so geschützt. Aber jetzt bin ich bereit. Ich fühle mich stark und gestärkt. Mein Zauberwort: Danke. Danke. Danke.

Es fällt mir schwer, zu erkennen, was meine tiefsten Prägungen/Glaubenssätze sind. Tatsache ist, dass ich ein sehr introvertiertes Kind war und ich das Empfinden hatte, „Wenn du brav und pflegeleicht bist, bist du richtig."

Ich hatte das Gefühl das erfüllen zu müssen, was meine Eltern sich vorstellen, um dafür Anerkennung zu bekommen.
- Folglich erhöht es meinen Selbstwert, bzw. ist mein Selbstwert definiert durch „sei unauffällig", „passe dich an", „sei brauchbar" und „falle nicht zur Last".

- Erfülle ich also diese Erwartungen nicht, senkt das meinen Selbstwert/meine Wertschätzung gegenüber mir selbst.
- Weniger Wert, wertlos bei nicht Einhaltung, war die falsche Schlussfolgerung.
- Das führte zu dem verhängnisvollen Rückschluss der Wertlosigkeit und Geringschätzung meiner eigenen Person. Das ist die Definition des Selbst in der Außenwelt. Es gab keine Definition in der inneren Welt.
- Wenn man seine innere Welt durch seine äußere Welt definiert und diese einem immer suggeriert, „du genügst nicht", ist das oft der Grundstein der Selbstverletzung durch Worte, Bullshit 2020. Dieses ständige Gefühl des Ungenügens macht krank.
- Diese Einschätzung muss nicht bewusst vom Umfeld kommen, sondern wird unterschwellig suggeriert. Genau genommen baut unsere Konsumgesellschaft darauf auf, den eigenen Wert durch materiellen Zuwachs erhöhen zu wollen. Mehr Wertschätzung, Selbstwert und füttern des Egos. Selbst wenn man dies auf die Spitze treibt, führt es aber trotzdem ins Nichts, in die Endlosschleife. Es wird einfach nie genug sein. Die eingekaufte Zufriedenheit wird immer nur kurze Zeit andauern.

Ich konnte mich lange selbst nicht sehen. Wenn ich Lob und Komplimente bekommen habe, konnte ich sie nicht annehmen. Ich konnte sie nicht ernst nehmen. Mein Selbstbild erlaubte es mir nicht. Deshalb wurde es für mich zu einem Schlüssel. Mein Weg führte über das Außen: Gehen, wandern, Yoga, Bewegung führte zu mehr Körperbewusstsein. Hinsehen, erstes Erkennen, weiterentwickeln, immer weiter bis zum Innen. Der größte Schlüssel: Mir das Denken zu erlauben. Hört sich blöd an, aber ich hatte lange dieses tiefe Gefühl, nicht zu viel von dem eigenen Denken zu teilen. Ich spürte eine Hemmschwelle und ich fürchtete um meine guten Beziehungen. Mein wirres Denken, das konnte sowieso niemand verstehen. Das wollte oder konnte niemand mit mir teilen.

Mein Denken erschien mir sinnlos, am Leben vorbei. Sinnloses Denken, was ja nichts bringt. In meiner Kindheit war das noch kein großes Problem. Man konnte sich austoben, hatte viel Freiraum, hatte seine Ruhe, konnte eigene Erfahrungen sammeln. Aber die Schule, die Sozialisierung, hat mich verwirrt. Da kam dann diese Idee – besser alles verbergen und nichts sagen. Ausgelacht werden, Scham, Herabwürdigung durch den Ausdruck „Bauernkind"

Diese Gefühle kannte ich vorher nicht. Es gab Sparsamkeit. Es gab genug Defizite, beispielsweise Gefühle nicht zulassen, den Mangel an Körperkontakt und Zärtlichkeit oder nicht gesehen werden. Es gab aber auch viel Gutes, viel Freiheit und Kreativität. Es gab Werte, Achtung vor der Natur. Viel Spiel und Spaß. Meine Schlussfolgerungen waren wohl so in die Richtung: „Diese Welt, wenn ich gut in ihr leben will, brauche ich Geld, muss also Leistung bringen." Ich muss andere zufriedenstellen, um Frieden zu haben. Das spürte man unterschwellig, das musste niemand aussprechen. Was ja auch total richtig war. Denn genauso funktionierte die Welt und genauso funktioniert sie heute noch. Aber der Lohn ist ausgeblieben. Das Versprechen wurde nicht eingehalten. Glück und Zufriedenheit bringt diese Lebensform nicht. Zumindest nicht, wenn man sensibel ist und in die Tiefe seiner Gefühle geht.

VERÄNDERUNG

Ich erschaffe meine Welt. Das hört sich so unmöglich an, so anmaßend. Aber eigentlich ist es ganz einfach. Ich erschaffe mir meine gewünschte Welt, indem ich denke, was ich denken will – schöne Gedanken. Indem ich lebe, wie ich will – ich organisiere mein Leben nach meinen Wünschen. Ich passe meinen Alltag an meine Wünsche an. In kleinen machbaren Schritten. Ich lebe im Einklang mit mir.

Ich mache regelmäßig Meditationen, um mich von außen mit etwas Abstand betrachten zu können und um Klarheit zu bekommen über meine wahren Wünsche und Träume. Ich begrabe meine Ängste und bin schöpferisch – verfolge meine Ideen. Es kommt mir vor, als wäre ich ständig mit angezogener Handbremse gefahren – ja nicht zu viel zeigen, sich zurückhalten, sich nicht selbst überschätzen und bloß nicht als Angeberin erscheinen. Ich habe im Außen schon so viel erreicht, was ich mir eigentlich nicht zugetraut habe. Handstand, Krähe im Yoga, allein reisen, Klavier spielen, Reiten, Motorrad fahren und noch viel mehr. So vieles habe ich ausprobiert – tiefe Ängste überwunden. Aber im Inneren habe ich es bis jetzt noch nicht geschafft. Tief in mir ist noch dieses Gefühl, dass ich das gar nicht geschafft habe. Selbstzweifel kommen immer wieder, aber sie halten mich nicht auf. Ich überwinde diese Zweifel durch positive Erfahrungen, die ich in mir aufrufe. Positive Wörter, die ihre Macht ausbreiten. Affirmationen, Selbstmotivation durch aufmunternde Worte. Auch Yoga hilft mir, aus den Selbstzweifeln herauszukommen. Es kommen andere Gedanken. Gedanken, die mich dabei unterstützen, wieder Glauben an und Vertrauen in mich selbst aufzubauen. Man steht sich tatsächlich hauptsächlich selbst im Weg. Mein Selbstbild lässt ganz viele Dinge nicht zu. Ich arbeite daran – ich erlaube mir, ich zu sein. Ich vertraue mir und beschütze mich. Ich lasse diese Angst los.

Sie hat mir geholfen, aber jetzt brauche ich sie nicht mehr. Ich kann mich selbst beschützen. Ich bin erwachsen und kümmere mich um mich selbst. Ich zeige den anderen, dass ich meine Fülle schenken kann und eine Bereicherung bin, genauso wie ich die Fülle der anderen ohne Neid annehmen kann.

Positive Gespräche, Sätze, Affirmationen helfen mir, die negativen Gedanken zu verscheuchen und durch positive zu ersetzen.
- Ängste und Blockaden haben keine Chance mehr.
- Ich erschaffe mein neues Leben.
- Ich darf ich sein.
- Ich akzeptiere mich so wie ich bin.
- Ich bin frei.

Ende des Lockdowns: Mitte Mai 2020.

Ein komisches Gefühl, nach drei Monaten wieder zu arbeiten. Zurück in den Arbeitsrhythmus zu kommen. Sicher ist es gut, wieder Rhythmus im Leben zu haben. Fixpunkte sind nicht unwichtig, strukturierte Abläufe erleichtern das Leben. Es kann einen schon aus der Bahn werfen, wenn man jedem einzelnen Gedanken ganz viel Aufmerksamkeit schenken kann. Man kann sich „verlaufen", in Details verstricken. Das Gesamtbild, die Verbindung zum Ganzen verlieren. Da bin ich sehr gefährdet – alles in Einzelteile zu zerlegen und überzubewerten. Vieles ist eben wie es ist. Diese Akzeptanz braucht man manchmal, um überleben zu können. Gleichzeitig war es tatsächlich ein großes Erkennen. Viel Zeit, die ich zur Verfügung hatte, wenig Ablenkung durch Treffen mit anderen Menschen. Das gibt mir die Möglichkeit, immer tiefer in mich selbst hineinzuschauen. Hilfestellungen sind alle Themen, die zu mir kommen, es bedeutet, dass es hier noch ungelöste Anteile gibt. Menschen, die mich triggern, nerven, fordern mich auf, nachzudenken. Mir zu überlegen, was es zu verändern gibt. Das Bewusstsein, dass ich mich selbst verändern kann, lässt mich aus der Opferrolle herauskommen. Ich bin selbstwirksam. Lösungen gibt es immer. Ich muss lernen, sie zu sehen.

Körper, Geist und Seele müssen bereit sein, meine Umstellung zu verarbeiten. Meditieren und ruhen lassen. Alles braucht seine Zeit. Es ist tatsächlich so. Durch kleine Entscheidungen – sei es, kein Fleisch mehr zu essen oder keinen Alkohol mehr zu trinken –, habe ich bereits einen gewissen Weg eingeschlagen. Ich bin kein großer Fan von radikalen Lösungen. Mein Weg sind die kleinen Schritte. Ich habe nicht das Gefühl, dass es nur einen richtigen Weg gibt. Nur wenn man ein Schlenderer ist, so wie ich, muss man sich zumindest regelmäßig diesem Weg widmen, um nicht zu vergessen.

Dieses Gefühl des Richtigen, dieses „Einssein" mit sich, ist ein so tolles Gefühl, das ich gerne behalten möchte. Es erscheint so einfach und ist doch so furchtbar schwer. Wahrscheinlich erscheint es nur schwer, solange man die absolute Entscheidung dafür – für diesen einen Weg – noch nicht getroffen hat. Es fällt schwer, wenn man ständig auf die Seite schaut, um ja nichts anderes, besseres auf der Strecke zu übersehen. Eine klare Entscheidung ist von größter Bedeutung. Dieses tiefe Vertrauen in mich, dass ich den richtigen Weg, den für mich bestimmten Weg gehe, ist so belebend. Innerer Frieden stellt sich ein durch diese Gewissheit.

Durch Meditation hoffe ich, diesen wichtigen Baustein, dieses Fundament zu erhalten. Darauf aufgebaut, erscheint es mir leichter, die gesunden, erfüllenden „richtigen" Entscheidungen zu treffen. Diesen Frieden zu erhalten, ist aufgrund meiner früheren Glaubenssätze – die jetzt nicht mehr in mein Leben passen – nicht unproblematisch. Einmal erkannt, wo der Fehler liegt, ist das Ändern oder Beheben schon aussichtsreicher. Dieses Festhalten an alten Glaubenssätzen, weil diese Glaubenssätze ja total wichtig waren, um mich selbst vor Verletzung und Scham oder anderen negativen Gefühlen zu schützen. Irgendwann habe ich diese Entscheidungen getroffen, was mir guttut, was ich brauche, um „überleben" zu können und das war sicher wichtig und richtig – danke dafür. Aber jetzt bin ich bereit, diese jetzt für mich nicht mehr richtigen Glaubenssätze aufzulösen. Ich habe das Gefühl, reif zu sein, stark genug zu sein. Ich befreie mich von diesen negativen Glaubenssätzen. Sie passen nicht mehr in mein Leben.

Dieses „Ich akzeptiere mich, so wie ich bin" braucht noch ein bisschen, um an Klarheit zu gewinnen. Diese furchtbare Angst, mich zu zeigen, sei es am Klavier oder beim Singen. Zu zeigen, was ich kann oder eben nicht kann. Diese Angst, etwas falsch zu machen, diese Angst, dass jemand erkennt, dass ich nichts bin. Dieser tiefe Glaubenssatz – der von mir erschaffene Glaubenssatz „Ich genüge nicht." Dieser tiefe Glaubenssatz löst sich auf durch mein Erkennen. Das Erkennen, dass er von mir erschaffen wurde und somit auch von mir aufgelöst werden kann. Er wurde irgendwann von mir erschaffen, um auf mich aufzupassen, damit ich „überleben" kann. Aus welchen Gründen auch immer. Die damalige Gesellschaft war so ausgerichtet. Mann dominiert – Frau ordnet sich unter. Das kann den gesunden Geist schon mal aus der Bahn werfen. Akzeptiert wird man für Anpassung und Leistung – nur dann ist man „richtig", darf sich in die Gesellschaft einfügen und bekommt einen Platz. Wenn der gesunde Geist ständig zwiespältige Anweisungen bekommt, verwirrt ihn das. Klare Entscheidungen erleichtern das Arbeiten mit dem Verstand.

Alte Glaubenssätze haben ihren Zweck erfüllt. Ich lasse sie los und beginne ein neues Leben. Alles, was ich kann, zeige ich gerne, teile ich gerne. Gemeinsames Spielen, gemeinsam mit Freunden, Freude teilen. Ich gehöre dazu und zeige mich – frei von negativen Gefühlen. Ich liebe und akzeptiere mich. Alles geht von mir aus, ist eine große Erkenntnis. Diese negativen, einschränkenden Gefühle sind tief in mir verankert, entstehen in mir, kommen aus mir, nicht von anderen. Dadurch kann ich sie ganz einfach auflösen. Ich reagiere einfach anders auf Situationen. Ich trete einen Schritt zurück, sammle mich, sehe die Dinge mit Abstand. Schon ändert sich alles. *Warum fällt es mir bei anderen so leicht zu sehen, wo das „Problem" liegt? Warum denke ich bei anderen Menschen, dass die Lösung auf der Hand liegt?* Abstand.

Ich fülle diesen Spiegel meines Selbst mit positiven Gefühlen, mache sie abrufbar, lasse sie strahlen. Diese positiven Gedanken, Freude, liebevolle Begegnungen, schönen Erinnerungen sammle ich in meinem Innenraum, den ich jederzeit aufsuchen kann, um gute Gefühle zu tanken. Mich daran erinnern wie viel Schönes mir in diesem Leben bereits geschenkt wurde. Ich bin sehr dankbar dafür. Danke, Universum. Dieses tiefe Gefühl „Alles ist gut" macht sich in mir breit und es fühlt sich gut an. Dieses Loslassen – eine Befreiung. Ich erschaffe mein Leben durch meine Gedanken. Ich umgebe mich mit positiver Energie und wachse in mich hinein. Das Paradies erwächst in meinem Geist und breitet sich aus. Was immer das Universum für mich vorgesehen hat. Ich vertraue mir, meinem Herzen, meinem Weg. Ich spüre, was das Richtige ist und vertraue. Danke für mein Leben, mein Herz, mein Wissen, mein Vertrauen. „Danke" ist das Zauberwort der positiven Energie. Wenn früher negative Gedanken gekommen sind, die mich noch wütender gemacht haben, ersetze ich sie jetzt durch positive Gedanken. Wenn mich etwas verrückt macht, stelle ich mir die Frage: *Was hat das mit mir zu tun? Warum regt mich das so auf?* Ich habe gelernt mit meinen Emotionen zu arbeiten.

Dieses Zeitalter, geprägt von wenig Wärme, wenig Liebe, von Krieg Leid und viel negativer Energie. „Falsche" Glaubenssätze, Glaubenssätze zum Überleben, aber nicht der Liebe dienend, geht dem Ende zu. Vertrauen und Liebe dürfen heilen. Neues darf entstehen.

Schon lange spüre ich diesen Wandel. Endlich ist er da.

Der Weckruf von allen Seiten hat mich erreicht. Endlich selbst aufzustehen, um etwas zu tun. Diese Bestätigung der Wichtigkeit einzelner Menschen. Der Wichtigkeit von vielen Einzelnen, um die Welt zu verändern. Das Leben des Einzelnen zu verbessern, um das Leben in der Gemeinschaft zu verbessern. Alles hängt zusammen. Nichts ist voneinander getrennt. Ich spüre dieses erhebende Gefühl in mir – diese Freude, daran teilhaben zu dürfen. Dieses Geschenk der totalen Erfüllung.

Um sechs Uhr morgens habe ich angefangen zu schreiben – jetzt wird es bald acht Uhr. Ich werde meinen Weg fortsetzen. Ich sehe einen Weg – das fühlt sich gut an.

Ich überdenke, arbeite jeden Tag an meiner Weiterentwicklung.
- Meditation: Bewusstes Atmen in den Alltag einbinden.
- Negative Gedanken in positive umwandeln.
- Energieebenen erhöhen durch mehr geben als nehmen. Danken.
- Schreiben, um nicht zu vergessen.
- Tägliche Änderungen, Weglassen von alten Gewohnheiten. Einführen von Dingen, die mich unterstützen. Lesen, Podcasts, Klavier spielen.
- Empfang einschalten, ON sein – achtsam sein.

Ich erinnere mich gerade an eine Zeit, in der ich ständig geträumt habe, dass ich schreien möchte, aber nicht kann – keine Stimme habe. Das habe ich erst jetzt verstanden. Keine Stimme zu haben, sich nicht ausdrücken können – gelernt zu haben, ruhig und unauffällig zu sein –, ist ein großes Hindernis, wenn man sich entfalten will. Mein größtes Bemühen war immer, niemanden zu stören, möglichst unsichtbar zu sein – nichts zu sagen. Niemandem zur Last zu fallen. Ängste in Vertrauen shiften – mir selbst vertrauen. Selbstvertrauen, Ängste zulassen – „Ja, ich habe Angst, aber ich vertraue mir selbst, das Richtige wird geschehen." Ich arbeite an meiner Persönlichkeit, um mehr Möglichkeiten zu erschaffen.

Verschiedenste einschränkende Glaubenssätze, die noch stärker gewirkt haben als mein Wunsch, haben mich immer wieder davon abgehalten, tiefer einzutauchen.
- Geld verdienen = gutes Leben?!
- Leistung = mein Wert?
- Ängste = wertlos zu sein, nicht zu bestehen.

Es ist interessant, wie viele Bilder auftauchen, wie viele Kreuzungen ich schon verpasst habe. Wie klar plötzlich viele Handlungen in diesem Licht erscheinen. Angst ist ein Schutzmechanismus. Das Gefühl für Sicherheit ist sehr stark ausgeprägt – wohl noch aus Zeiten, als dieses Gefühl überlebenswichtig war. Doch die Bedrohungen haben sich verändert. Ist dieses Gefühl für Sicherheit zu stark ausgeprägt, führt es zu Unfreiheit. Immer mehr lerne ich meine Ängste kennen – ich bin jetzt mit ihnen per Du.

Ich erlaube mir, glücklich und frei zu sein. Ich erlaube mir, so zu sein, wie ich bin. Wärme und Frieden breiten sich von innen nach außen aus. Wahrhaft zu sehen und zu spüren ist so ein erhebendes Gefühl. Ich erlaube es mir, es ist ein wundervolles Gefühl, ganz bei mir zu sein. Mein Geist fühlt sich an wie ein schwebender Ballon im luftleeren Raum. Ein Eintauchen ins Universum, in die Unendlichkeit – diese Freiheit, das einfach niederschreiben zu „dürfen." Keine Einschränkungen. Ich erlaube mir alle Gefühle. Meine Größe ist gut und darf sich zeigen. Meine Schönheit ist gut und darf sich zeigen. Es ist nicht Stolz, es ist von Gott geschaffen und gewollt. Das Große und Schöne darf sein und soll sich zeigen. In Freude und Demut vor dem Universum. Eine Welt mit mehr Wärme und mehr Fülle.

Gestern war ich schlau
und wollte die Welt verändern.
Heute bin ich weise und
verändere mich selbst.
Rumi

Quelle: Liegt schon seit Jahren bei mir in der Schublade, leider direkte Quelle nicht mehr nachvollziehbar.

Die Natur bestaunen und mit ihr eins sein, welch eine Erkenntnis. Man glaubt so viel zu brauchen, aber eigentlich möchte ich nur gesehen werden, gesehen werden mit liebenden Augen. Ankommen – zu Hause sein –, da zu sein, wo man verstanden wird und einfach so sein kann, wie man ist. Ich erlaube mir so zu sein, wie ich bin und von anderen erkannt zu werden. Meine Vision ist von ganz viel Gutem und Schönem umfangen und erweitert sich ins Unendliche. Liebe ist unendlich und allumfassend. Liebe darf sein und heilt die Welt – endlich ist das kalte Zeitalter zu Ende.

Der Weg ist ein Auf und Ab. Meine verschiedenen Energieebenen lassen mich das tief fühlen. Das ist eine Herausforderung. Meine Energie in Form von Emotionen in den Griff zu bekommen, ist mein Alltag. Meine Energieschwankungen von mal voller Überzeugung, mal voller Zweifel sind meine tägliche Herausforderung. Bin ich nach einer Meditation voller Elan und Liebe, fällt es mir kurz darauf schwer, diesen Überschwang zu verstehen. Aber ich liebe es, überschwänglich zu sein – es fühlt sich lebendig an.

Das Gefühl zu haben, dass der andere das gerade ganz dumm oder nicht richtig findet, was ich sage, macht einsam und führt zu weniger miteinander reden und gleichzeitig auch zu weniger einander verstehen. Ich verstehe mich jetzt selbst besser und verurteile mich nicht dafür.

Dieses Feine, Schöne, das Bereichernde, das Überschwängliche soll seinen Platz bekommen. Bei mir und in der Welt.
    Ehrliche Gefühle zu äußern und zu zeigen, fällt mir schwer. Dazu bin ich jetzt bereit. Ich bin bereit, mich noch mehr kennenzulernen und meine Gefühle mittels Meditationen an die Oberfläche zu holen. Schließlich gehört das alles zu mir. Meine Gedanken und meine Gefühle bestimmen mein Leben. Das bin ich. Unschöne Gedanken akzeptiere ich, ersetze sie aber kontinuierlich durch verstehende, mitfühlende, positive Gedanken.

Ein Gedanke beschäftigt mich, eine Idee, wie schön es wäre, in einer Zeitschrift Artikel über Gedanken und Sinnsuche zu schreiben. Darüber, was den Menschen unter seiner Oberfläche beschäftigt.

Mein Übertitel dafür wäre „Bestehendes und Neues/Bereits Gedachtes neu gedacht". Philosophie verbindet sich mit dem tatsächlichen Leben. Tja, schreiben macht Spaß und gibt mir gleichzeitig mehr Übersicht über mein eigenes Denken. Damit es sich nicht immer im Kreis dreht. Damit Klarheit entsteht und vermittelbar, aussprechbar und somit auch besprechbar wird. Wie bei einer Buchbesprechung mit all den verschiedenen Meinungen und Ansätzen.

Wenn ich nachdenke, erkenne ich, dass bei Gesprächen viele Probleme ausgesprochen werden, aber oft keine Fragen gestellt werden. Wenn ich Lösungen vorschlage, werden diese ignoriert, nicht angenommen. Das zeigt mir, dass die Menschen aufgehört haben, an Lösungen zu glauben. Sie reden sich ein: „Das geht sowieso nicht, der/die ist einfach so. Da kann man eben nichts machen." Das Leben selbst ist für viele Menschen zum Problem geworden. Menschen glauben nicht mehr an ihre Selbstwirksamkeit.

Warum haben so viele Menschen so viele Probleme? Wie komme ich tatsächlich zu einem besseren und erfüllteren Leben? – Einem mir entsprechenden Leben? Welche Gedanken sind fruchtbar und welche Wege sind möglich? Wie baue ich mir ein Leben auf, das meinen Talenten und Begabungen entspricht? Wie meistere ich mein Leben? Das ist die eigentliche Frage. Es gibt Ansätze in der Bildung. Herausarbeiten der Stärken der Kinder ist ein guter Ansatz. Leider dauern Entwicklungen immer furchtbar lange in ihrer Umsetzung. Ich erinnere mich an Beispiele in Amerika, wo die Stunde in Problemschulen mit Yoga beginnt. Auch kleine Meditationen werden gemacht, um die Kinder überhaupt aufnahmefähig zu machen. Erst durch die Entspannung lösen sie sich von ihren Problemen des Elternhauses und kommen auch geistig in der

Schule an. Es zeigt sich, dass Yoga und Meditationen hervorragend geeignet sind, um Probleme zu lösen.

Oft habe ich das Gefühl, es wird nur sehr wenig gesprochen. Wenige Menschen können ihre Gefühle artikulieren und trauen sich, diese preiszugeben. Es macht angreifbar und oft ist das Vertrauen in die eigene Meinung nicht stark genug, um sie zu äußern.
Podcasts ersetzen Gespräche in gewisser Weise. Es gibt Menschen, die sich mit dem Leben von Literaten, Philosophen, usw. auseinandersetzen. Sie vermitteln mir ein Bild über die damalige Zeit. Ich erfahre z. B. von Spinoza. Ich wusste nicht, dass es bereits vor 300 Jahren Menschen gab, die diesen Zusammenhang zwischen Natur und Mensch deutlich erkannten. Philosophen waren ihrer Zeit meist voraus und somit Wegweiser.

Ich mag keine Parteidiskussionen. Ich mag Gespräche, in denen man etwas teilt und der andere sich nehmen kann, was er mag. Ich liebe grundsätzliche, philosophische, ganzheitliche Ansätze. Schreiben ist die perfekte Kombination, um mich mit meinen Gedanken auseinanderzusetzen. Beim Schreiben erkenne ich erst, wie ich denke und fühle. Ich beschreibe das „normale" Leben. Inhalte der Bücher, die ich einfließen lasse, da sie ja mein Denken verändern und hoffentlich weiterentwickeln. Weiterentwickelung geschieht durch meinen Alltag, den ich so gestalte, dass ich immer mehr Zeit mit dem verbringe, was ich wirklich gerne tue. Was mich wirklich interessiert. Philosophie hat mich immer interessiert. Meine Zeiteinteilung erlaubt mir jetzt, mich mehr damit zu beschäftigen.

Denken und verarbeiten von Gedanken – das wird beim Schreiben geschult. Meine Gefühle, denen ich mittlerweile schon ziemlich vertraue, leiten den Weg, indem ich sie prüfe, herausfinde, wo sie sich bemerkbar machen. In welchen Situationen sie auftreten. In den Meditationen kommen die Gefühle, die ich mir wünsche. Hier lasse ich los und bin dann oft ganz in dieser Energie, wenn ich aufwache und anfange zu schreiben. Manchmal leiten mich Gedanken, manchmal leiten mich Gefühle. Ich weiß nicht, was zuerst da ist. Mein Herz ist wohl für die Gefühle zuständig. Aber vielleicht kommt mein Gedanke dem Herzen zuvor. Mein Denken beschützt mein Herz. Wenn ich lese, was ich geschrieben habe, weiß ich sofort, was ich nach einer Meditation geschrieben habe. Das Herz spricht. Würde ich es nicht gleich aufschreiben, würde mein Verstand sagen: „Sei nicht kindisch, sei nicht so wunderlich, das ist doch unmöglich..." Ich schreibe über Liebe... Der Verstand beschützt mich vor zu starken Gefühlen.

Immer wieder schaue ich auf mein Leben zurück, um zu erkennen. Um Klarheit zu bekommen, um meine Fragen zu beantworten. *Wer bin ich? Was interessiert mich? Womit beschäftige ich mich gerne?*
Tatsächlich denke ich, dass mein Leben ganz normal und gar nichts Besonderes war. Ich dachte, alle denken und leben fast gleich. Richtig großer Irrtum. Die Menschen ticken so unterschiedlich, wie es Möglichkeiten gibt, sein Leben zu gestalten.

Corona hat einen kleinen Einblick gegeben. Verschwörungstheorien haben sich breit gemacht. Menschen haben ihre eigenen Wahrheiten entwickelt, die sie oft selbst nicht mehr definieren können. Die Gesellschaft braucht viel Toleranz, um sich wieder zu vereinen. Große Veränderungen werden immer spürbarer.

Wie erkenne ich meine wahre Bestimmung? Natürlich erkenne ich immer mehr, wenn ich hinsehe und hinhöre, was auf mich zutrifft. Tatsächlich war ich immer wissbegierig und habe immer versucht, dem Leben auf die Schliche zu kommen. Meine Entscheidung, mit 15 Jahren eine Lehre zu beginnen und auszuziehen, war ganz klar. Zu Hause war alles viel zu eng. Ich hatte sehr wenig Selbstvertrauen und keine Ahnung von meinem Potenzial oder Nichtpotenzial. Meine Zeugnisse waren immer „mit Vorzug" und meine Arbeitsleistung wurde immer mit „ausgezeichnet" bewertet. Ich habe ein hohes Bedürfnis, andere zufrieden zu stellen – das entsprach immer meinem Harmoniebedürfnis.

Ich wusste, was ich wollte und um mich brauchte man sich keine Sorgen zu machen, sagte mein Vater. Wenn ich so nachdenke, stimmt das. Ich habe mich früh erwachsen gefühlt und über mein Leben selbst bestimmt. Ich wollte unbedingt nach Kanada, obwohl ich auch wusste, dass mich niemand unterstützen würde. Das erste Gebot meines Vaters war: „Du kannst machen, was du willst, aber du musst für dich selbst sorgen." Das hört sich hart an, aber es ist wahrscheinlich sehr förderlich, sich gut zu überlegen, was man tut. Mit 15 Jahren bin ich ausgezogen, habe nie mehr einen Schilling bekommen. Mit meinem Lehrgeld bin ich gut ausgekommen und war sehr zufrieden. Mit knapp 16 Jahren habe ich meinen heutigen Mann kennengelernt. Diese Beziehung war wichtig und hat mich sehr glücklich gemacht. Ein wichtiger Ankerplatz, der meiner Entwicklung gutgetan hat.

Mein Bedürfnis, mich auszuprobieren, war entfacht und hörte nie mehr auf. Vom Tennis spielen angefangen bis zur Selbstständigen Prüfung. Fast ein Jahr in Kanada, Saisonen in der Schweiz. Ich wollte reisen und Englisch lernen, habe das College in Thunder Bay besucht. Meine Interessen gingen in viele Richtungen. Etwas Neues auszuprobieren hat mich immer gereizt. Immer habe ich so gelebt, dass ich allein zurechtkam. Wenig Geld, viel Freiheit. Meine Wunschvorstellung ging ganz deutlich in Richtung Familie. Ich wollte Kinder und mit 24 Jahren habe ich geheiratet. Lange mussten wir auf unsere Tochter warten. Erst als ich 29 Jahre war kam sie zur Welt.

Ich habe gelernt, viel Leistung zu bringen und meine ganze Energie floss in unser Lokal. Wir haben umgebaut und uns eine Existenz aufgebaut – ein ganz normales Leben. Nebenbei habe ich immer meine Interessen verfolgt, wie das Reiten, Reisen, Tennis...

Alles mit großen Einschränkungen verbunden, denn die Arbeit ging auf jedem Fall vor. Pflichterfüllung war auf jeden Fall prägend. Die Geburt unserer Tochter – das größte Glücksempfinden und große Dankbarkeit. Wieder Baustellen und viel Arbeit. Es war ein Traum, den Dachboden auszubauen, um endlich viel Platz zu haben. Immer wenn ich mir sicher war, habe ich meine Vorstellungen umgesetzt. Ein anderes Lebensgefühl hat sich mit dieser großen Wohnung eingestellt. Mit meiner Tochter habe ich angefangen, Klavier zu spielen. Zuerst nur ein bisschen nebenbei, um meine Tochter zu unterstützen, dann hat es mir so viel Spaß gemacht, dass ich immer weiter gemacht habe. Vom Zittern angefangen bis zu Angstzuständen als ich bei der Übertrittsprüfung vorspielen musste. Das war mein größter und schwierigster Entwicklungsschritt. Ich habe mir das theoretische Wissen im Alleingang angeeignet, weil ich mich nicht zu den Kindern in eine Klasse setzten wollte. Weil ich mich geniert habe – in meinem Alter. Ich habe alles mit einer Eins abgeschlossen, was mir unglaublichen Auftrieb gegeben hat. Ich habe weitergemacht – heute spiele ich auf der Orgel, was ich als unmöglich erachtet hätte. Das hat mich so aus meinem Mausloch herausgezwungen. Genau wie meine Tochter, die mich mit Fragen herausgefordert hat, mich Stellung beziehen ließ – ich hätte einfach gerne meinen Frieden gehabt, ohne Kämpfe, einfach nachgeben. Aber das ging nicht. Mir war bewusst, dass ich jetzt eine Verantwortung hatte – ein Vorbild war. Das hat mir sehr geholfen. Ich musste mir in vielen Dingen Klarheit verschaffen und Entscheidungen treffen.

Mein intensiver Kontakt zu Menschen durch meine Arbeit in unserem Lokal hat meiner Entwicklung gutgetan. Man lernt viel über Menschen.
 Von meiner Tochter habe ich sehr viel gelernt. Ich habe Langsamkeit, Geduld, Hinsehen und Hinhören gelernt. So ein kleines Wesen, das mir dieses schöne Gefühl des Gebrauchtwerdens gegeben hat. Dieses Wunder Mensch hautnah zu erleben, ist das Allerschönste.

Mit Yoga hat sich mein Körperbewusstsein, nun schon über 15 Jahre, weiterentwickelt. Mein Körper war zwar immer da, aber richtig kennengelernt habe ich ihn erst durch Acroyoga. Wie viel mein Körper tatsächlich leisten kann, hat mich doch überrascht.

Zuerst mit Hatha Yoga, mit dem ich erst mit fast 40 Jahren angefangen habe und mittlerweile „die Krähe", Kopfstand und Handstand problemlos schaffe. Es macht so viel Spaß und braucht nicht viel Zeit. Eine halbe Stunde täglich, aber sehr regelmäßig. Während dieser Zeit, in der ich auch meine Atemübungen mache, kommen mir die allerbesten Ideen. Da bin ich völlig im Hier und Jetzt und mein Geist nutzt die Chance, Parallelen zu vielen anderen Themen herzustellen. Acroyoga hat meine absolute Begeisterung. Umsetzen von Abläufen, Drehungen und das Fliegen auf einer anderen Person ist ganz leicht durch das richtige Verteilen des Gewichts – den Schwerpunkt verlegen.

Mit Beginn des Buches habe ich angefangen, den Spagat zu üben. Jeden Tag einfach in diese Richtung bewegen. Jetzt bin ich, zu meiner eigenen Überraschung, nur mehr ein paar Zentimeter vom Ziel entfernt. Entwicklung, das ist es. Diese Bereitschaft, etwas zu beginnen, habe ich immer gehabt, egal wie blutig der Start auch war. Ich bin sehr, sehr ausdauernd und zielstrebig. Ich messe mich nicht mit Anderen, sondern mache einfach, was mir Spaß macht mit dem Fokus nach vorne und ganz ohne Druck.

Ich erinnere mich ans Wandern. Als ich angefangen habe, war es auch nur die Idee: *Wie lange kann ich eigentlich gehen?* Ich habe mit einer Freundin angefangen, bis wir tagelang bis zu dreißig Kilometer gegangen sind. Dann sind wir auf die Berge bis über zweitausend Meter. Im Urlaub habe ich irgendwann allein angefangen, Vulkane zu besteigen, kleine Inseln wie Tioman zu umwandern und zu überqueren. Auf Mauritius war ich allein auf dem Le Morne oder auf Bali auf den Gunung Agung. Tolle Wanderungen. Ich habe Reitwochen auf Sardinien, in Andalusien, Irland und fast in allen Urlauben auf verschiedensten Stränden gemacht, ich habe wunderschöne Galoppstrecken und tolle Gefühle der Gemeinschaft erlebt. Jetzt erst wird mir bewusst, was ich schon alles erlebt und mich getraut habe. Das macht mich froh und zuversichtlich, dass ich auch dieser Herausforderung gerecht werden kann. Denn die Entscheidung, dass ich dieses

Buch schreiben möchte, hat sich bereits gefestigt. Das Bild wird klarer und klarer.

Meine Gefühle und Gedanken haben mir gezeigt, dass ich voller Zweifel und Ängste bin. Sie haben mir gezeigt, dass ich mutig und voller Tatendrang bin. Sie haben mir gezeigt, dass Liebe und Traurigkeit in mir sind. All diese Anteile in mir wollen gesehen und gelebt werden. Das gibt dieses tolle Gefühl von Ganzheit. Verbunden mit meinem Körper, meinem Geist und meiner Seele.

Ich habe mich schon auf ganz vielen Ebenen ausprobiert. Mein Drang, etwas zu schaffen, zu erschaffen, ist ungebrochen. Lesen ist mein längster Begleiter. Mein erster Entwicklungshelfer, meine intensivste Verbindung, um zu Antworten zu kommen. Ich kann mich gut erinnern an diese tollen Gefühle, wenn ich etwas gelesen habe, das mich erfüllt oder mich berührt hat. Damals habe ich mir selbst versprochen, niemals mit dem Lesen aufzuhören. Es bringt mich weiter, ist erfüllend und beruhigt den Geist. Ungenutzter Geist geht in die Leere und macht mich unglücklich.

Die einzige Alternative ist Bewegung in der Natur, hier gelingt mir Entspannung auch gut. Während ich hier schreibe, wird mir immer klarer, wie viele Möglichkeiten im Menschen schlummern. Die ganze Welt ist eine Schatzkiste. Diese Wunder sind mir schon lange bewusst, aber selbst eines dieser Wunder zu sein, das wäre mir anmaßend vorgekommen. Wir sind, beziehungsweise ich bin sehr bescheiden und anpassungsfähig erzogen – ein Grundprinzip der damaligen Erziehung. Das ist wohl das tatsächliche Problem – dieses Kleinhalten des Menschen. Ich sehe das als Generations- oder als Nachkriegskrankheit an. Es gab schon viele Hochkulturen. Leider ist davon sehr viel verloren gegangen. Die Kulturen scheinen sich heute wieder rückwärts zu entwickeln.

Das menschliche Potenzial ist verkannt. Die Angst, in der Gemeinschaft nicht anerkannt zu werden durch Anderssein ist enorm. Einschränkungen im Denken. Limitierungen des Potenzials durch Ängste, die geschürt werden. Es ist ein großes Geschenk für mich, dass ich die Größe des Geistes und des Universums erkennen darf.

Peter Camenzind möchte freier, heftiger, schöner und edler leben.
Er will nicht mitlaufen und sich anpassen.
Das erste brennendste meiner Probleme war der einzelne Mensch, die Persönlichkeit, das einmalige, nicht normierte Individuum.
Hermann Hesse

> Quelle: Buchumschlag hinten, Hermann Hesse,
> Erste Auflage 2002
> Copyright 1953 by Hermann Hesse,
> Ausgewählte Werke, Suhrkamp Verlag

Damit meinte er sich wohl selbst. Hesse fühlte sich lange Zeit unverstanden. Sein Denken war unzeitgemäß und veranlasste seine Eltern, ihn kurzfristig in die Psychiatrie einzuweisen. Hesse war zeitlebens ein Suchender. Seine Bücher und sein Leben haben mich berührt. Seine Ansätze, wie das Leben funktionieren kann, haben mich inspiriert.

Ich erinnere mich sehr gut daran, als ich angefangen habe, mich zu verstecken. Mich selbst zu beschützen durch Rückzug. Es fiel mir als Jugendliche sehr schwer, mit Oberflächlichkeiten umzugehen. Ich habe diese Welt nicht verstanden. *Warum tun diese Menschen all diese verletzenden Dinge?* Mein Impuls war, zurücktreten, um mich zu beschützen. Heute glaube ich fast, dass dieses Gefühl mich diese frühe Beziehung eingehen ließ. Meine Sensibilität hat diese Sicherheit einer liebevollen, aber doch herausfordernden Beziehung gesucht und gefunden. Als ich meine Tochter bekam, war ein starkes Gefühl in mir, das sich wünschte, dass sie diese Sensibilität nicht von mir erben sollte. Nicht so viel innerliches Leiden, das keiner verstehen konnte. Sie sollte total beschützt, stark und mit beiden Beinen in der Welt stehen – das war mein größter Wunsch. Meine Sensibilität habe ich versteckt und mein Leben angepasst.

Mit 18 Jahren hatte ich einen schweren Unfall, eine Verbrennung dritten Grades. Heute noch empfinde ich dieses Gefühl des „nicht zu mir Gehörens" – betrachten von außen – den Menschen zuschauen, wie sie reagieren. Als würde es mich nicht direkt betreffen. Ich kann mich nicht erinnern, Angst gehabt zu haben, dass die Narben im Gesicht nicht heilen würden. Das hört sich nach Stärke an, fühlte sich aber ganz anders an. Dann die tiefe Trauer, die ich erlebt habe, als ich mein zweites Kind in der 19. Woche verloren habe. Ich habe geweint, ganz, ganz viel geweint. Die Angst vor Verletzung war übermächtig. Flüchten. Rückzug. Ich erlaubte mir wenig Öffnung. Intensive Gefühle wurden durch meine Tochter geweckt. Als sie diese Invagination hatte und im Krankenhaus lag – mit acht Monaten. Dieser Blickkontakt, dieser ganze Schmerz, als sie da lag und weinte. Ich musste so furchtbar weinen. Da hat sie mich angesehen und aufgehört zu weinen. Es war ein unglaubliches Gefühl, als würde sie sagen: „Bitte wein nicht Mama, alles wird gut." Dieses kleine Menschenkind. Dann war dieser Unfall. Ein Motorradfahrer, der den Unfall nicht überlebt hat. Mir ist gar nichts passiert, doch ich habe geweint und geweint – ich konnte gar nicht mehr aufhören. Es hat mir wieder Zuversicht gegeben, von meinem wichtigsten Netz, meinem Mann und meiner Tochter aufgefangen zu werden. Beschützt und begleitet zu sein. Ohne sie wäre ich nicht der Mensch von heute. Sie sind mein Fundament.

Es beginnt eine leise Revolution in meiner inneren Welt. Es ist wunderbar. Danke. Durch Podcasts von Menschen, die von sich erzählen, ist meine Überzeugung gewachsen, dass es richtig und wichtig ist aufzustehen und seine eigenen Geschichte zu erzählen.

Auf vielen Ebenen geschieht Neues. Veränderung in einem größeren Ausmass bahnt sich ihren Weg. Von vielen noch unbemerkt und doch stetig.

Es braucht viele, viele mutige Menschen, die aufstehen. Hoffentlich bin ich mutig genug den Weg bis ans Ende zu gehen. Es macht so viel Angst, den gewohnten Weg zu verlassen. Gleichzeitig fühle ich mich schon viel stärker – durch das Aufschreiben, durch die Vorbilder. Dieses Gefühl, nicht mehr allein zu sein – gleichgesinnte, gleichdenkende Menschen zu haben. Dieser Drang, weitergehen zu wollen. Diese Neugierde: *Was gibt es noch alles auf dieser tollen Welt zu entdecken? In mir zu entdecken?* Der entscheidende Antrieb waren Corona und meine Wechselbeschwerden.

Zeitgewinn und Abstand vom normalen Leben. Seither bin ich auf dem Weg; ein spannender Weg. Mein Alter spielt sicherlich auch eine Rolle. In ein paar Jahren gehe ich in Pension. Das Leben dauert nicht ewig. Diese ganzen Überlegungen: *Was will ich noch tun in diesem Leben?* Irgendwann hat sich dann diese Möglichkeit, mein Leben, mein Selbst zu erforschen, herauskristallisiert. Mich auf meine Eingebung, Intuition einzulassen, dazu hat mich das Hörbuch „Gespräche mit Gott" von Neale Walsch gebracht.

Plötzlich fühlte ich mich überfordert mit all den Antworten, die mir zu hundert Prozent schlüssig erscheinen. Eine kleine Erleuchtung. Dieses Bewusstsein, diese Realitäten, diese Wahrheit in mir. Es ist, als könnte ich das größere Wissen anzapfen, das in mir schlummert und geweckt werden will. Das universelle Wissen. „Gespräche mit Gott" ist sehr spannend. Doch das Gefühl, dass ich meine Ruhe dadurch eher verliere, ist vorherrschend. Getroffene Entscheidungen, verwirrende „Kopfleistung" durch viele äußere Einflüsse. Ich möchte aber mehr von mir heraus ableiten. Zu viel Zerstreuung und Erklärungen mit dem Intellekt – das habe ich ja schon durchlebt. Jetzt möchte ich mehr von innen heraus leben – alles, was in mir ist interessiert mich. Tatsächlich habe ich heute diesen Ansatz im Kopf gehabt – das Leben ist irgendwie von hinten aufgerollt –, aus der Vorstellung erwächst das Leben, daraus erschafft sich die Realität.

Noch immer fühle ich mich weit von mir entfernt. Es zeigt sich kein klarer Weg. Etwas beschäftigt mich so sehr und gleichzeitig habe ich nichts zu sagen. Ich wurde mit so vielen Gedanken wach und konnte mich nicht mehr wehren. Ich musste weinen, obwohl ich nicht weiß, warum. Diese Geburt fällt mir sehr schwer. Die Liebe, dieses riesengroße Gefühl würde ich gerne in die Welt bringen. Aber sie ist so weit entfernt. Ängste aufschreiben und transformieren. Beispiele finden, wie ich es geschafft habe. Erinnern, dass ich es ja will. Gute Beispiele sind mir in den Sinn gekommen. *Ist es nicht so, dass es nur ganz wenige tolle Tennisspieler gibt?* Einen tollen Aufschlag zu spielen, gelingt auch den Profis nicht immer. Es geht darum nicht aufzugeben. Danach zu streben besser zu werden. Sich als Mensch bestmöglich zu entwickeln. Es ist schön, wenn einem jemand vorzeigt, wie es geht. Es geht um das Vorzeigen – das Vorleben einer Möglichkeit.

Ich erinnere mich daran, wie ich damals in das Silo gestiegen und vorher den Spleen entwickelt habe, die Luft anzuhalten, weil ich keine schlechte Luft ertragen konnte. Ich wäre schon tot ohne diesen „Schutzengel". Gedanken bestätigen mich. Erinnerungen kommen. Ich bin immer sehr überzeugt meinen Weg gegangen. Als würde es keinen anderen Weg geben. Dieses tiefe Gefühl heute Morgen. Ich konnte nur weinen. Angst, Zweifel. Ein Durcheinander von Gedanken und Gefühlen... Ich musste aufstehen, ich musste weitergehen. Ich möchte so gerne Liebe in die Welt bringen, aber ich weiß nicht wie. Ich habe solche Angst meine wichtigsten Menschen zu verlieren. Aber ich habe ja beim Unfall gesehen, dass sie mir beistehen, mich beschützen, mich begleiten. Es bestärkt mich weiterzugehen. Tatsächlich fühle ich diese Bestimmung. Ich fühle mich hingezogen. Alles andere kommt mir so sinnlos vor. Wenn ich jetzt wieder die Zeichen übersehe, werde ich sterben, ohne meiner Bestimmung gefolgt zu sein. Eigentlich dachte ich, ich wäre schon am Ende meiner Reise. Jetzt sehe ich, dass es erst der Anfang ist. Diese Erkenntnis fühlt sich ganz tief an. Es war schon immer in mir, ein ganz eigenes Gefühl, sicher hat dieses Gefühl jeder. Es bleibt vielleicht unbemerkt – ich nenne es den göttlichen Funken. Er hat sich immer wieder durch kleine Zeichen bemerkbar gemacht, wurde aber immer erfolgreich von mir unterdrückt. Aber jetzt bin ich da. Ich ignoriere diesen Funken nicht mehr. Mich stärken durch „gutes Zureden", es ist wie ein Selbstgespräch. Ich werde tun, was ich tun kann.

Meine nächste große Herausforderung sehe ich beim Buchclub. Meine Vorschlag, meine Gedanken über Prägungen in einem Gedankenkreis zu teilen. Beim Durchlesen meines Lebenslaufes dachte ich schon wieder ständig: „Das kann ich nicht, das ist zu schwierig, zu weit weg." Ich muss es tun. Ich kann gar nicht anders.

Ich merke, dass ich mich an Dingen, die ich mir kaufe, gar nicht so freuen kann. Ich freue mich viel mehr, wenn ich schenken kann oder über diese Gefühle, die kommen, wenn ich diese Hilfsaktionen in Afrika sehe oder am Meer, diese Seenothelfer. Die tiefen Gefühle, auch wenn sie traurig sind, begeistern mich. So tolle Menschen, die das Richtige tun. Die haben richtig Liebe im Herzen. Früher hatte ich öfter das Gefühl, mein Herz könnte springen vor Freude. Oft habe ich dann gemerkt, solche „Gefühlsanwandlungen" werden als unnatürlich angesehen. Es hat mir Angst gemacht – diese Reaktionen, die mir das Gefühl gegeben haben, nicht richtig zu sein. Es ist doch so schön, Gefühle zeigen zu können. Richtige Worte, wahre Worte zu sprechen – sich ohne Angst zeigen zu können. Dafür bin ich ja eigentlich angetreten. Das habe ich ja am Beginn beschrieben. Dieser riesengroße Wunsch nach „Wahrheit" und Echtheit. Dieser Mut, sich zu zeigen. Liebe habe ich damals gesehen in den Augen meiner Tochter im Krankenhaus. Sie ist ein Wunder, das mich wieder geboren hat. Mir das tiefste Gefühl – zu lieben – gezeigt hat. Zu lieben, ohne verletzt zu werden. Meine Seele war wie erweckt.

Ich werde nicht sterben, ohne ganz gelebt zu haben. Mit der ganzen Bandbreite der Gefühle – mit Schmerz und Trauer –, nicht schon lebend tot zu sein aus Angst vor dem Leben. Ich bin bereit, auch Leiden anzunehmen – Leiden zu durchleben hat mich gestärkt.

Dieses unbeschreibliche Gefühl, wenn ich an manche Augenblicke denke, wie den Verlust meines Kindes, den Autounfall, meine Verbrennung, den Verlust meines Ringfingers. Es fühlte sich alles so unwirklich an. So wie mit ein bisschen Abstand. So wie in meinen Träumen, wenn ich zu intensiv geträumt habe – dann habe ich einfach abgebrochen. Ich wusste, dass ich träumte. Dieses tiefe Gefühl; ja das passiert gerade und es ist furchtbar. *Aber warum passiert das gerade?* Das muss einfach passieren, denn das ist mein Weg. Dieses tiefe Gefühl. Das muss wohl so sein – so ist es –, ich muss weitergehen. Ich habe das Kind verloren und ich musste weinen, weinen, aber es musste so sein. Immer wieder – „Das musste wohl so sein, denn es gehört zu meinem Weg." Jetzt bin ich hier und dieses Gefühl; es muss wohl so sein, ich muss das wohl machen – so leben. Das ist das vorherrschende Gefühl und bestimmt mein Handeln. Ich werde es tun. Ich bin sehr froh, dass ich meinen Weg weiterverfolge.

Gestern habe ich noch ein bisschen recherchiert. Auf dieser Suche bin ich auf überraschend viele Artikel gestoßen, die mir meine Gefühle zu 100 % schildern. Dieses tolle Gefühl, dass es tatsächlich ganz viele Menschen gibt, die gleich fühlen, ist so stärkend. Dieses Gefühl, gleich zu sein. Seine Gefühle äußern zu können, ohne dadurch von mir selbst oder von anderen belächelt, erniedrigt, als schwach angesehen zu werden, ist geradezu erhebend. Mein Begleiter, mein Zauberwort: „Danke".

Fast jeden Tag ergeben sich neue Gedanken, die mir helfen, mich weiterzuentwickeln. Mir helfen, das große Ganze zu sehen. Diese kollektive Schuld, von der man liest, jetzt empfinde ich sie – ich weiß jetzt, wovon gesprochen wird. Diese unterschwelligen Gefühle, die man nicht zuordnen kann. Die wiederum von verschiedenen Institutionen instrumentalisiert werden.

Diese Schuld im Kollektiven. Nicht zu wissen, wie man eigentlich sein soll, um angenommen und geliebt zu werden im normalen Leben. Nicht zu genügen ist kein verbindendes Gefühl. Nie richtig zu sein – egal. was man tut. Diese Sprachlosigkeit. Diese Unmöglichkeit, sich anderen gegenüber zu öffnen – diese innige Verbindung zum Menschen fehlt.

Traurigkeit, das war das Grundgefühl in meinem Leben. Es gab keine besonderen Auffälligkeiten in meiner Kindheit. Es lief überall ziemlich gleich ab. Aber in meinem Inneren war diese Suche – diese ständigen Fragen, diese Zweifel, Angst. Ich weiß es nicht.

Zuhause gab es viele politische Diskussionen. Ich kann mich aber nicht erinnern, dass jemals über Befindlichkeiten oder Gefühle gesprochen wurde. Endlich habe ich Antworten auf meine Fragen bekommen. Immer wieder brauche ich kleine Zusammenfassungen, Wiederholungen, um mir Klarheit zu verschaffen. Ich erzähle mir selbst meine eigene Geschichte und werde mir dadurch bewusster. Es befreit mich und gibt mir die Möglichkeit, weiterzugehen. Jeder einzelne Mensch sollte wissen, warum er keine Ruhe findet, obwohl man doch eigentlich alles hat. Bei mir hat es dazu geführt mich selbst zu beschuldigen. Undankbar zu sein. Das hat mir schwer zu schaffen gemacht. *Keine Gefühle zu zeigen war am besten – vielleicht war es noch besser, keine Gefühle zu haben?* Das war die falsche Schlussfolgerung. Das war wie sterben, denn was ist man ohne Gefühle – ein funktionstüchtiges etwas, aber kein lebendiger Mensch.

Alle sagten das geht nicht.
Dann kam einer, der wusste das nicht.
Und hat's einfach gemacht.
Verfasser unbekannt

Diese Ansicht zu teilen, ist eine große Hilfe, um ein Gedankenfeld zu öffnen.
Erinnerungen helfen mir, zu Erkenntnissen zu kommen. Erkenntnisse helfen mir bei meiner Zielsuche. Das Ziel steht oben. Der Pfeil findet das Ziel, wenn ich meinen Fokus in diese Richtung lenke.

Aller Anfang ist tatsächlich schwer. Aber Entwicklung macht unglaublich Spaß und spornt an. Ich schaue zurück auf meine ersten Schritte/Zeilen und kann jetzt erst sehen, wie kontinuierlich meine Entwicklung war.
Bei mir gab es lange Zeit keine Übereinstimmung, was den Geist immer weitersuchen lässt. Dieses Suchen ist dieses Gefühl des nicht ganz seins.
Es gab sehr viel Bestätigung für mein Äußeres, für meine Leistung. Mein persönliches „Match" – im Sinne von auf dich kann ich mich drauflegen, wir sind identisch – das fehlte. Das ist die Bestätigung des Selbst. Das ist die Selbstfindung. Das ist die Einheit von Körper und Geist. Der Körper verbindet sich mit den Gefühlen – denn er ist gemacht aus Gefühlen. Je besser ich sie identifiziere, desto besser fühle ich mich wie aus einem Guss.

Warum glaube ich, dass es wichtig ist, alles aufzuschreiben?
Weil ich glaube, dass Wissen durch mündlichen Austausch oder schriftliche Überlieferung in der Welt bleibt. Feinfühligkeit hat einen Grund. Wahrnehmung von Energie ist eine Fähigkeit, die in vielen Menschen verborgen liegt und erweckt werden kann.

Hilfen sind überall. Es gibt Atemtechnik-Übungen. Meditations-Übungen, Selbstfindungs-Seminare, Coaches, Therapeuten,

Psychologen, Ärzte. Ich hatte Hilfen, im Sinne von, ich bin meinem Herz gefolgt. Habe mich Themen geöffnet, die mich interessiert haben. Damit wollte ich sicherstellen, dass es mein ureigenster Weg ist. Ich habe viel mit meinem Geist, meiner Beobachtungsgabe gearbeitet. Habe meine Synapsenbildung – neuronale Verbindungen – unterstützt durch Klavier-Orgel spielen. Durch Masterclasses von Menschen, die als Koryphäen gelten, habe ich mir Wissen angeeignet. Bücher gelesen, mich mit ihren Inhalten auseinandergesetzt. Viele verschiedene Zugänge habe ich miteinander verbunden. Entstanden ist ein neues Werteempfinden. Ein neues Selbstbild. Ein neues Weltbild.

Vor Kurzem wurde mir bewusst, dass es die Idee des Covers des dritten Buches seit Beginn meiner Entscheidung gibt. Dieses Bild war bereits entstanden, obwohl ich keine Ahnung hatte, dass ich damit Energie darstelle. Energie und mein Herz werden zum roten Faden meines Projektes.

DER SCHLÜSSEL IST

Mir bewusst werden, dass Glaubenssätze mein Leben bestimmen,
ist der erste Schritt zur Auflösung.
Der Start ist frei von Altlasten und eine
Neuprogrammierung ist möglich.

Der Start ist für alle Menschen grundsätzlich gleich. Geprägt von größeren und kleineren Belastungen aus der Vergangenheit – was eine relative Bezeichnung ist – somit in der neuen Denkweise unzulänglich.

Der Start ist der Ist-Zustand. Im Ist-Zustand gibt es keine
Probleme und keine Vergangenheit.

Es ist der bewusste Moment. Diesen bewussten Moment erreiche ich durch Bewusstseinsentwicklung.

Meine Aufgabe im Leben, um mein persönliches Glück zu finden:
IQ: Entwicklung von kognitiver Intelligenz –
Leistungsfähigkeit des Gehirns
EQ: Entwicklung von emotionaler Intelligenz –
Gefühle bewusst lenken
MQ: Entwicklung von mentaler Intelligenz –
Gedanken bewusst lenken. Auf Führungsebenen spielen diese Kompetenzen in der Zukunft eine Hauptrolle. Es ist das Zusammenführen von Wirtschaft und Menschen.

Führungsqualitäten entwickeln sich durch Selbstführung.
Selbstführung ist der Schlüssel für ein zufriedenes, glückliches Leben.

DIE VERBINDUNG

Glückliche Menschen ergeben eine glückliche Gesellschaft.
Glückliche Menschen sind friedlich.
Glückliche Menschen befinden sich in einem positiven Energiefeld.

Glückliche Menschen haben Charisma,
weil sie ein positives Energiepotenzial haben.
Charismatische Menschen ziehen an,
weil sie mir den Weg zum Glück zeigen.

Meine Selbstführung spielt eine tragende Rolle.
Die Führung meines Selbst entwickelt sich aus
Selbstliebe, Selbsterkenntnis.
Schritt für Schritt kommt es zur Selbstheilung.
Selbstwirksamkeit und Selbstverantwortung.

Erst wenn der menschliche Geist verstehen kann,
handelt er auch mit der notwendigen Motivation.

Wenn der Geist offen ist, lernt der Mensch durch die
Aufnahme selbst.

Eine erhöhte Wahrnehmungsgabe aktiviert alle Energiezentren,
ein erweitertes Sehen ist möglich.

Der Verstand verarbeitet Informationen.
Der Geist braucht Ruhe, um sich neu zu sortieren.
Aufnehmen von Wissen durch Körper, Geist und Seele
ist ein natürlicher Vorgang, wenn er nicht behindert wird.

Die Verbindung ist der Schlüssel.

Die Autorin

Monika Nagl betreibt gemeinsam mit ihrem Mann ein Restaurant mit Bar und Pub. Die beiden sind schon seit über dreißig Jahren verheiratet und haben eine gemeinsame Tochter, die in Wien lebt.

Monika Nagl ist eine aktive Person: Durch ein Jahr Au-pair in Kanada, Saisonarbeit in Österreich und der Schweiz, Freundschaften und vielfältige Interessen hat sie ihr Leben stets abwechslungsreich gestaltet. Die Kontaktbeschränkungen im Jahr 2020 markierten für sie einen Umbruch, aber vor allem eine lang ersehnte Gelegenheit zur Entschleunigung und Innenschau. Im Zuge des Austauschs über Prägungen und Glaubenssätze in einem Buchclub entdeckte sie das Schreiben für sich. Nun ist regelmäßiges Schreiben für sie ein wesentlicher Bestandteil des Glücks.

In ihrem Debüt Entwirrung gibt sie erstmals Einblicke in die Höhen und Tiefen ihrer persönlichen Weiterentwicklung und die bahnbrechende Kraft der Selbsterkenntnis.

DER VERLAG

VINDOBONA
VERLAG SEIT 1946

ein Verlag mit Geschichte

Bereits seit 1946 steht der Vindobona Verlag im Dienst seiner Bücher und Autoren. Ursprünglich im Bereich periodisch erscheinender Journale tätig, präsentiert sich der Verlag heute als kompetenter Partner für Neuautoren am deutschen, österreichischen und schweizerischen Buchmarkt. Engagement, Verlässlichkeit und Sachverstand – das sind die Grundpfeiler, auf denen der Verlag seit jeher sicher steht.

Sie möchten mit Ihrem Werk das vielseitige Verlagsprogramm bereichern? Der Vindobona Verlag garantiert Ihnen eine professionelle Prüfung Ihres Manuskriptes durch das Lektorat sowie eine zeitnahe Rückmeldung.

Genauere Informationen zum Verlag
finden Sie im Internet unter:

www.vindobonaverlag.com

Ingram Content Group UK Ltd.
Milton Keynes UK
UKHW020725180723
425342UK00014B/459